VIOLA KRAUSS

NICHT WEIT VOM GROSSEN SEE

VIOLA KRAUSS

NICHT WEIT VOM GROSSEN SEE

Wegspuren und Lebenswege
oberschwäbischer Frauen

Die Autorin:
Viola Krauss, geboren 1967 in Stuttgart. Seit ihrer Redakteursausbildung bei einer großen regionalen Tageszeitung 1993 (be)schreibt sie bemerkenswerte Begebenheiten, Orte und Menschen im Südwesten für Tagespresse, Magazine (unter anderem »Schönes Schwaben«) und Verlage. Die freie Journalistin lebt und arbeitet im Allgäu.

Für meine Mutter Christa M. Krauss,
in Erinnerung an meinen 2009 gestorbenen Vater Manfred K. Krauss
und für denjenigen, der mich zum Schreiben gebracht hat:
meinen Paten Winfried Greiner

S. 2/3: Fürstin Amalie Zephyrine (1828),
gemalt von Auguste François Laby.

1. Auflage 2015

© 2015 by Silberburg-Verlag GmbH,
Schönbuchstraße 48, D-72074 Tübingen.
Alle Rechte vorbehalten.
Umschlaggestaltung: Christoph Wöhler, Tübingen,
unter Verwendung eines Ausschnitts des Gemäldes
»Selbstbildnis in der Malerkutte« von
Fridel Dethleffs-Edelmann, 1932,
Galerie Dethleffs, Isny im Allgäu.
Druck: Gulde-Druck, Tübingen.
Printed in Germany.

ISBN 978-3-8425-1421-8

Besuchen Sie uns im Internet
und entdecken Sie die Vielfalt
unseres Verlagsprogramms:
www.silberburg.de

Ihre Meinung ist wichtig …

… für unsere Verlagsarbeit. Wir freuen
uns auf Kritik und Anregungen unter:

www.silberburg.de/Meinung

Inhalt

Vorwort

Aufgeschlossen und offen blickt die junge Frau auf dem Buchcover dem Betrachter entgegen. Ihr Blick ist konzentriert, ihre Haltung fast lässig. Sie ist sich ihrer selbst bewusst und sie weiß, was sie kann und will. Fridel Edelmann hat zum Zeitpunkt, als das Selbstbildnis 1932 entstand, ihren Platz im Leben gefunden. Die damals 33-Jährige ist eine ausgebildete und gefragte Kunstmalerin. Doch der Weg bis dorthin war nicht einfach und er sollte es auch danach nicht sein, doch Fridel Edelmann, später Fridel Dethleffs-Edelmann, blieb sich selbst treu.

Die Künstlerin ist eine von 14 starken Frauen aus Oberschwaben und dem Allgäu, die in diesem Buch als Auswahl einer Reihe von außergewöhnlichen Frauen versammelt sind. Sie leb(t)en in verschiedenen Jahrhunderten, waren Malerin oder Autorin, Nonne oder Fürstin, Diebin oder Schauspielerin, sie wirkten als Ärztin oder Hebamme, jede hat »nicht weit vom großen See« – in Oberschwaben – oder auch anderswo ihre Spuren hinterlassen. Warum? Weil sie anders waren, als man es zu ihren Lebzeiten von einer Frau oder aufgrund ihrer Herkunft erwartete. Sie haben ihr Leben mutig selbst in die Hand genommen. Oft mussten sie hart dafür kämpfen, um das tun zu können, worin sie den Lebenssinn sahen. Sie gingen deshalb ihre ganz eigenen Wege. Die einen haben ihn selbstbewusst und wohldurchdacht gewählt, die anderen sind durch äußere Umstände einfach in diesen Weg eingebogen und darauf geblieben, weil sie keine Abzweigung gesehen haben oder kein anderer Weg offenzustehen schien …

Das Leben und Wirken dieser Frauen ist eng verbunden mit Oberschwaben. Die hier im Buch porträtierte und noch lebende Schriftstellerin Maria Beig hat in ihrem Roman »Rabenkrächzen« das Gebiet mit »Nicht weit vom großen See« beschrieben, ihrem Werk ist der Titel dieses Buches entliehen. Der Landstrich – auch als Oberland bezeichnet – bildet ungefähr ein Dreieck zwischen dem Bodensee, dem Südrand der Schwäbischen Alb und der Landesgrenze zwischen Bayern und Baden-Württemberg. In früheren Jahrhunderten galt der Lech als Grenze im Osten. Oberschwaben ist auch heute noch vergleichsweise schwach besiedelt, in großen Teilen landwirtschaftlich genutzt und vom katholischen Glauben geprägt. Das hatte zu allen Zeiten auf die Gesellschaft Einfluss, in der eine Maria Müller-Gögler, eine Elisabeth Gaßner oder auch eine Agatha Streicher aufwuchsen, lebten und wirkten.

Die Lebensbeschreibungen sind in chronologischer Reihenfolge angeordnet. Das Buch beginnt mit Adelindis von Buchau, die als reiche und wohlwollende Gräfin um das Jahr 900 das Kloster Buchau neu ordnete und mit Gütern aus ihrem Vermögen ausstattete sowie für die arme Bevölkerung sorgte. Es endet mit Meret Eichler, einer sehr vielseitigen Künstlerin aus Ravensburg, die in den 1980er-Jahren mit und in ihren Bildern oft auch auf Missstände in ihrer Umgebung aufmerksam machte.

In den Porträts, die nur als Abriss, nicht als umfassende Biographie zu verstehen sind, habe ich versucht, die beeindruckenden Schicksale der 14 Frauen nachzuzeichnen. Es war für mich ungeheuer spannend, den noch sichtbaren Spuren zu folgen. Dabei bin ich sogar auf Berührungspunkte mancher der 14 Frauen untereinander gestoßen, die ich zu Anfang meiner Recherchen gar nicht vermutet hatte: Die Schriftstellerin Maria Müller-Gögler zum Beispiel hat das Leben der Elisabeth Achler, im Volksmund die »Gute Beth« genannt, in ihrem Roman »Wer gibt mir Flügel« dargestellt.

Meinen Leserinnen und Lesern wünsche ich viel Spaß, den Lebenswegen dieser 14 außergewöhnlichen Frauen aus Oberschwaben zu folgen. Mir war die Spurensuche ein ausgesprochenes Vergnügen. Das war jedoch nur deshalb so, weil ich auf die Forschungs-, Recherche-, Dokumentations- und Archivarbeit von anderen zurückgreifen konnte (siehe Literaturverzeichnis). Ganz herzlich bedanken möchte ich mich bei allen, die mich auf vielfältige Weise unterstützt haben und die mir Hinweise gegeben haben, wenn ich bei der Darstellung eines Lebensweges plötzlich in einer Sackgasse gelandet bin. Es sind dies: Bernd Riedle, Walter Beck, Eva Wiebel, Michael Barczyk und Julia Bauschatz. Ein ganz besonderes Dankeschön gilt meiner Lektorin Bettina Kimpel, meiner Freundin und ersten Leserin Kerstin Stadelmaier und vor allem meinem Lebensgefährten Jürgen Reiner. Sie alle haben mich beim Schreiben mit guter Laune, Rat und Tat begleitet und dieses Buch erst möglich gemacht.

Viola Krauss

Die wohltätige Gräfin und ihre Namensschwestern

Adelindis von Buchau

Die Hufe von drei Pferden donnern über den weichen Boden in der Nähe des Federsees. Das Ziel der adeligen Reiter ist das nahe Kloster Buchau. Die Brüder Berengar, Gerhard und Reginolf, Söhne des Grafen Ato, wollen ihre Schwester Adelindis aus den klösterlichen Mauern entführen, um sie zu verheiraten. Doch im Plankental werden die Männer von Widersachern umringt und getötet.

Die drei Brüder müssen gewichtige Gründe gehabt haben, ihre Schwester aus der Klausur zu entführen und ihr damit die Versorgung auf Lebenszeit zu entziehen, vermutet der Historiker Arno Borst in seinem Buch »Mönche vom Bodensee«. Offensichtlich hielten mächtige Feinde die beabsichtigte Ehe der jungen Adelindis für eine Bedrohung. Wie genau und warum sich der Mord an den drei Brüdern abgespielt hat, ist nicht ganz klar. Doch um das Jahr 900 rangen am Bodensee zwei Adelssippen mit großem Anhang um die Vormacht: die Alaholfinger – auch

Gräfin Adelindis von Buchau, Tafelbild in der Bussenkirche St. Johann Baptist.

Bertholde genannt – und die Hunfridinger. Die Verwandten der Nonne Adelindis standen auf der Seite der Hunfridinger. In den gleichen Jahren tobte in Franken ein Kampf zwischen zwei anderen Adelsparteien, den Konradinern und den Babenbergern. Beide fränkischen Streitparteien gewannen auch am Bodensee jeweils auf der Seite der Bertholde und der Hunfridinger Freunde. Adel-

Die Gebeine der drei ermordeten Brüder sollen Ende des 17. Jahrhunderts von der Plankentalkapelle ins Grab ihrer Mutter Adelindis in der Krypta der Stiftskirche überführt worden sein.

indis' Heirat könnte, so vermutet Borst, ein Zug in diesem blutigen Schachspiel gewesen sein, um die Fraktion der Hunfridinger und damit die Babenberger zu stärken. Das passte den Alaholfinger-Anhängern überhaupt nicht: Möglicherweise versuchten sie mit dem tödlichen Überfall auf Berengar, Gerobert und Reginolf die Machtverschiebung gewaltsam zu verhindern.

Nur wenige Jahre zuvor hatte die Mutter der drei, ebenfalls eine Gräfin Adelindis, das etwas heruntergekommene Kloster neu ausstatten lassen. Arno Borst geht davon aus,

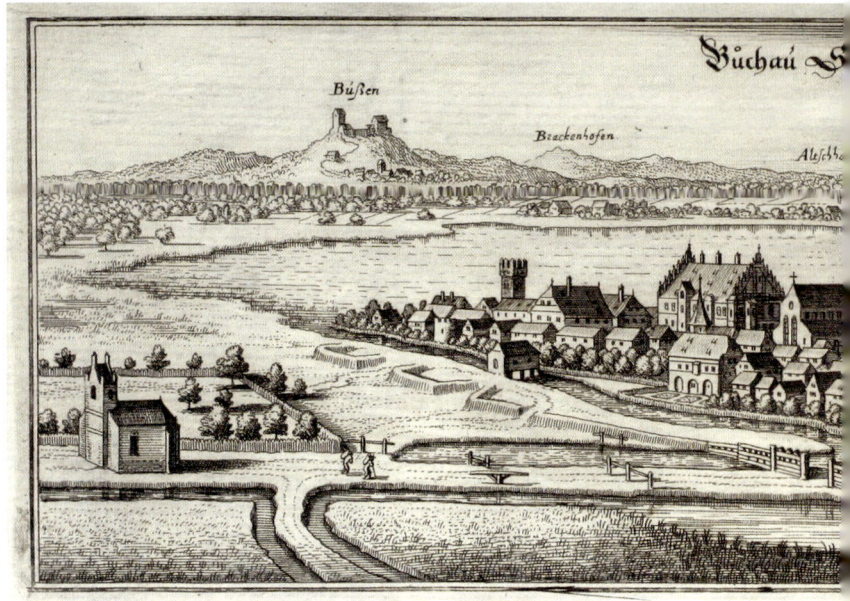

Buchau: Stich von
Matthäus Merian 1656.
Hier wirkten gleich drei
Klosterfrauen mit dem
Namen Adelindis.

dass die Frau des Grafen Ato mit der ersten
Klosterstifterin Adelindis verwandt war, die
um das Jahr 770 gelebt hat. Möglicherweise
sah sich Gräfin Adelindis durch das Wissen
um diese Verwandtschaft darin bestärkt, sich
intensiver um das Kloster Buchau zu küm-
mern. Sie ließ etwa um das Jahr 900 ihre einzige Tochter
Adelindis als gottgeweihte Jungfrau in das reformierte
Kloster eintreten. Andere Nonnen folgten, sie bildeten einen neuen Konvent, der nach der Benediktinerregel lebte.
Hermann der Lahme berichtete im 11. Jahrhundert in seiner Chronik davon.

Gräfin Adelindis, inzwischen vermutlich Witwe, reagierte auf die Familientragödie und den Verlust der Söhne mit
einer Wallfahrt nach Jerusalem und an andere heilige Orte.

Ihre Tochter Adelindis wurde indessen Äbtissin im Kloster Buchau. Nach der Rückkehr von der Wallfahrt nahm die Gräfin den Schleier und trat ebenfalls ins Buchauer Kloster ein. Dort entfaltete sie eine segensreiche Tätigkeit, half den Notleidenden und Bedrängten und machte dem Kloster reiche Zuwendungen aus ihrem gräflichen Vermögen.

Zu ihrem Gedächtnis wurde Jahrhunderte hindurch vom Kloster und später Damenstift Buchau alljährlich am 28. August, ihrem Todestag, das Adelindisfest, gefeiert. Dabei verteilten die Stiftsdamen bis zu 4000 Brotlaibe an die Armen des Federseegebietes. Diese Tradition endete 1802 mit der Aufhebung des Damenstifts durch die Säkularisation.

Um die Erinnerung an die Volksheilige Adelindis wachzuhalten, gründeten Buchauer Bürger nach dem Ersten Weltkrieg den Adelindisverein. Seit 1924 wird das Adelin-

Seit 1924 wird alle zwei Jahre das Adelindisfest als Heimat- und Kinderfest zur Erinnerung an die Volksheilige in Bad Buchau gefeiert.

disfest alle zwei Jahre als Heimat- und Kinderfest gefeiert.

Im 19. und 20. Jahrhundert erzählte man sich rund um den Federsee auch eine Gespenstergeschichte im Zusammenhang mit Adelindis: Buchau lag im Ertigau, den Graf Hatto und seine Frau, Adelinde genannt, regierten. Zu jener Zeit fielen die Hunnen in die Gegend ein. Hinter Kappel fand eine schreckliche Schlacht statt, in die der Graf mit seinen drei Söhnen zog. Zu seiner Frau sagte Hatto beim Abschied, dass er entweder lebend oder als Geist zurückkehren werde. Er kam aber nicht wieder. Die Gräfin zog aus, um ihn zu suchen, und rief: »Windle, Windle, weh, dass ich meinen Herren wieder seh!« Da erschien ihr ein Reiter hoch zu Ross, der seinen Kopf auf einem Tablett oder Teller bei sich trug. Seine Söhne folgten ihm, jeder der drei hatte seinen Kopf unter dem Arm. Da war der Gräfin klar, was geschehen war, und sie rief: »Windle, Windle, weh, dass ich meinen Herren nicht mehr seh!« Die Reiter verschwanden. Dort, wo Gräfin Adelindis den Geistern ihrer Lieben begegnet war, ließ sie eine Kapelle bauen. Das kleine Gotteshaus wird zur Begräbnis- und Gedenkstätte.

Adelindis von Buchau

Der Ort und die Kapelle bekamen den Namen Plankental, was so viel wie »Tal der Tränen« heißt. Die Gräfin ging ins Kloster Buchau, das sie gegründet hatte.

Historisch nachweisbar ist die Plankentalkapelle seit dem 15. Jahrhundert. Nach Aufzeichnungen des Buchauer Oberamtmanns Martin Grueb wurden die Gebeine der drei Söhne Ende des 17. Jahrhunderts von dort in die Stiftskirche ins Grab ihrer Mutter überführt. Darin fand man 1939 Gebeine einer etwa 60 Jahre alten Frau und die Knochen dreier Männer im Alter zwischen 18 und 30 Jahren.

Wenn heute in Bad Buchau oder rund um den Federsee der Name Adelindis fällt – sei es im Zusammenhang mit dem Adelindisfest oder der Adelindis-Therme –, dann werden oft aus drei Frauen mit demselben Namen eine: die Klostergründerin Adelindis von 770, die Gräfin Adelindis, die das Kloster um 900 neu ausstattete, und ihre Tochter Adelindis, die dort einige Jahre später Äbtissin wurde.

Das Kloster, ab 1390 freiweltliches Damenstift, wurde ab 1803 zum Schloss Thurn und Taxis. Heute beherbergt es eine Reha-Klinik.

Von der Kraft zu leiden

Die »Gute Beth« Elisabeth Achler

I n Konstanz läutete es von allen Kirchtürmen. Die Nachricht verbreitete sich wie ein Lauffeuer überall in der Stadt am See: »Wir haben einen neuen, einen einzigen Papst!« So oder so ähnlich lauteten die freudig vermittelten Botschaften an diesem 11. November 1417. Konrad Kügelin stand indessen mit einem zufriedenen, einem wissenden Lächeln auf dem Gesicht dabei. Der Augustinerchorherr aus Waldsee dachte an die kränkliche, oft entrückt wirkende Nonne im Kloster Reute. Die »Gute Beth«, wie sie vom Volk schon seit einiger Zeit genannt wurde, hatte ihm das Ende der Kirchenspaltung und die Wahl eines einheitlichen Papstes für diesen Tag vorausgesagt.

Die »Gute Beth«, Gemälde im Kloster Reute.

Wie er da so durch die Konstanzer Gassen ging, erinnerte er sich an die Anfänge dieses mystischen und gottgeweihten Lebens von Elisabeth Achler.

Das Mädchen war am 25. November 1386 in Waldsee geboren worden. Ihre Eltern, Hans und Anna Achler, waren tüchtige und ehrbare Weber,

»Die Gute Beth« Elisabeth Achler

die zusammen mit einigen Gesellen an den Webstühlen im eigenen Haus gutes Tuch herstellten. Damit hatte es das Ehepaar nicht nur zu Ansehen, sondern auch zu einem bescheidenen Wohlstand gebracht. Der Augustinerchorherr Kügelin nahm als Pfarrer in der Kirche St. Peter in Waldsee die Beichte ab. Elisabeth, die heranwachsende Tochter des Weberehepaares, war schön und im Kreis ihrer Freundinnen beliebt. Bei Kügelin beichtete sie ihre kleinen Eitelkeiten. Der Beichtvater fand sie »einfältig, lauteren Geistes und reinen Herzens«. Er warnte sie vor irdischen Begierden. Das Mädchen war gelehrig und nahm seine Führung gerne an, denn sie wollte Gott gefallen. Der Pfarrer empfahl ihr, der Welt zu entsagen, und ermunterte sie, in den Dritten Orden des heiligen Franziskus einzutreten. »… in dem sü ir leben solte volbringen in andaht und in schowen der himmlischen

Die Pfarr- und Wallfahrtskirche St. Peter und Paul in Reute.

gnade gottes«, so Kügelin in seiner Lebensbeschreibung der
»lieben Betha«. Elisabeth ging gerne darauf ein und wollte
öffentlich als Terziarin und jugendliche Braut Christi »… in
der kilchen noch gewohnheit und sitte« eingekleidet werden. So wurde sie im Alter von 14 Jahren Laienschwester.
Der Vater freilich war über diesen Schritt nicht sonderlich
erfreut, sie sollte heiraten und der Familie von Nutzen sein.

Kügelin riet ihr daraufhin, das Elternhaus zu verlassen, woraufhin sie schließlich ausriss. Der Augustinerchorherr brachte sie bei einer alleinstehenden Frau unter, die ebenfalls dem Dritten Orden angehörte. In deren Haus war es Elisabeth möglich, ein gottgefälliges Leben in Stille und Sammlung zu führen und sich in die ständige Betrachtung von Jesu Leiden zu vertiefen. Das Mädchen erlernte zudem die Arbeit am Webstuhl, doch für den Lebensunterhalt war damit nicht genug zu verdienen. Der Augustinerchorherr kümmerte sich nicht nur um das Seelenheil der Franziskaner-Terziarin, sondern sorgte sich mit der Zeit auch um deren leibliches Wohlergehen. Das sah er durch die bittere Armut und den ständigen Hunger als gefährdet. Dazu kam, dass Kügelin das Wohnen in einer klösterlichen Gemeinschaft abseits dem geschäftigen Treiben von Waldsee für das geistliche Leben Elisabeths und der anderen Terziarinnen für deutlich geeigneter hielt. Er begann also um 1402 zu überlegen, wo und wie er ein Haus bauen könne für Elisabeth und die anderen Schwestern vom Dritten Orden, »daz sü sich abgescheidenlich möchten gehalten und luterlich von der welte«.

Schließlich fand Kügelin einen Platz für den Bau eines Klosters auf dem Grundstück der Augustinerchorherren neben der Kirche in Reute. Für seinen Plan konnte er Probst Jakob von Metsch gewinnen, der das Vorhaben durch Güter seines Stifts förderte und mit Hilfe von Bettelbriefen Geld zur Finanzierung des Baus auftrieb. Truchsess Johannes II. von Waldburg machte eine großzügige Spende und sprach bei weiteren Adligen für Spendengelder vor.

Gegenüberliegende Seite: Täglich musste Wasser vom Bach auf den Berg zum Kloster getragen werden – eine schwere Arbeit. Die Gute Beth versenkte sich ins Gebet und hatte eine Vision. Sie zeigte ihren Mitschwestern eine Stelle im Garten, wo erfolgreich nach Wasser gegraben wurde. Bis heute fließt es aus dieser Quelle in den »Gut-Betha-Brunnen« im Kloster.

Gegenüberliegende Seite: Am Vorabend ihres Todes ließ die Elisabeth Achler ihre Schwestern herbeirufen und Kerzen anzünden. Sie empfing von ihrem Beichtvater Konrad Kügelin die Sterbesakramente und ließ sich von ihm die Passion Christi vorlesen.

Kügelin ließ davon eine Klause bauen, in die neben Elisabeth vier weitere Frauen einzogen. Die zwei Ältesten sollten in der Klausur bleiben. Die zwei Jüngeren schickte er mit einem Bittbrief des Probstes zum Betteln. Das war zu dieser Zeit eine durchaus gängige Finanzierungsmethode. Elisabeth als die Jüngste und Kindlichste sollte ebenfalls in der Klause bleiben. Sie war schön und gefiel jedermann gut. Kügelin fürchtete, dass das Mädchen durch die Bettelei belästigt, wenn nicht gar gefährdet wäre. Er entschied, dass sie den anderen das Essen kochen sollte. So versorgte sie also die Küche und die Armen an der Pforte.

1406 wurde die Klause zum Frauenkloster erhoben. Die Schwestern folgten der Dritten Regel des Franziskanerordens: ein Leben in Abgeschiedenheit, Armut und Gebet. Schon in den ersten Jahren des Zusammenlebens bemühte sich Kügelin, die Schwestern und besonders Elisabeth Achler über die Sorgen und Freuden einer Klostergemeinschaft hinauszuführen. Er regte die Franziskanerinnen an, sich voller Hingabe in die Leiden Christi zu versenken, sie zum Mittelpunkt ihres Lebens zu machen. Ob Küchen- oder Handarbeit, stets sollte jede körperliche Arbeit auf Jesu Leiden ausgerichtet sein.

Elisabeth mühte sich in täglicher, strenger Selbstprüfung. Sie hatte schließlich eine Eingebung und hörte auf, Nahrung zu sich zu nehmen. Lediglich die heilige Kommunion mit Empfang der Gaben von Brot und Wein sollten – laut Kügelins Aufzeichnungen – für die nächsten zwölf Jahre ihre Nahrung sein. Immer weiter vertiefte sie sich innerlich in das Leiden Jesu, sodass sie – wie schon

»Die Gute Beth« Elisabeth Achler

Franz von Assisi – plötzlich die Wundmale Jesu aufwies. Sie nahm nicht mehr am Leben und Arbeiten im Kloster teil, geschwächt hütete sie meist das Bett. Die Schwestern mussten nun nicht nur ohne sie die übliche Arbeit für den Lebensunterhalt leisten, sie mussten auch die schwache Elisabeth pflegen.

Täglich musste Wasser vom Bach auf den Berg zum Kloster getragen werden – auch um die Wäsche der stigmatisierten Elisabeth zu waschen. Dieser war durchaus bewusst, dass sie ihren Mitschwestern zusätzliche Arbeit aufbürdete. Sie versenkte sich ins Gebet und hatte eine Vision. Im Garten zeigte sie eine Stelle, wo erfolgreich nach Wasser

1767 wurde die Gute
Beth selig gesprochen.
Noch heute pilgern Tau-
sende an ihr Grab in der
Gut-Beth-Kapelle der
Pfarr- und Wallfahrts-
kirche St. Peter und
Paul in Reute.

gegraben werden konnte. Bis heute fließt das
Wasser aus dieser Quelle in den »Gut-Betha-
Brunnen« im Kloster.

Durch Kügelin erfuhren die Schwestern
von der Welt außerhalb der Klostermauern.
Seit 1409 gab es drei Päpste und man konnte
sich nicht darauf einigen, welcher denn nun
der Richtige sei. Deshalb ließ König Sigis-
mund 1414 in Konstanz ein Konzil einberu-
fen. Man erhoffte sich davon endlich ein einheitliches kirch-
liches Oberhaupt. Elisabeth litt ebenso wie viele Menschen
unter dieser Uneinigkeit, die da im Namen Gottes vor sich
ging. Sie versenkte sich immer wieder ins Gebet und hatte wiederum eine Vision. Als Konrad Kügelin 1417 nach
Konstanz aufbrach, gab sie ihm, laut seinen Aufzeichnungen, Folgendes mit auf den Weg: »Ich getraue, wir werden
auf Sankt Martinstag ein einheitliches Kirchenoberhaupt
haben.« Und tatsächlich: Am 11. November 1417 wurde

Kardinal Otto Colonna zum Papst gewählt, der sich fortan Papst Martin V. nannte.

Kügelin kehrte nach der Papstwahl eilends zurück nach Waldsee, um die gute Nachricht zu erzählen. Wieder hatte sich eine Vision der »Guten Beth« bewahrheitet. In den nächsten Jahren sprachen sich ihre Prophezeiungen und Ekstasen weiter herum. Kam sie wieder zu sich, geschah das meist unter großen Schmerzen. Elisabeths Wunden, so schrieb Kügelin später in der Vita, seien nicht nur von den Schwestern besichtigt worden. Auch Edle und Unedle, Priester und Laien, Frauen und Männer, sogar Magister hätten diese Wunden gesehen. Sie verzehrte sich im Dienst an Gott und den Menschen und ihre Kräfte schwanden.

Am Vorabend des 25. November 1420 ließ sie ihre Schwestern herbeirufen und Kerzen anzünden. Sie empfing von ihrem Beichtvater die Sterbesakramente. Pater Kügelin las ihr die Passion Christi vor. »Da legte sie ihre Hände zusammen und gab ihren Geist auf«, schrieb er später auf. Wie Jesus starb sie im Alter von 34 Jahren, im Beisein von Konrad Kügelin und ihren Mitschwestern.

Kügelin, der später Probst des Stifts in Waldsee werden sollte, schrieb Elisabeths Lebensgeschichte ein Jahr nach deren Tod in einer lateinischen und einer deutschen Version auf. Sie sollte Grundlage für einen Heiligsprechungsprozess sein. Kügelins Originalhandschrift ging zwar verloren, doch Abschriften sind in verschiedenen Klöstern aufbewahrt worden. Einige sind bis zum heutigen Tag erhalten geblieben und machen es möglich, der Mystikerin von Oberschwaben auf die Spur zu kommen.

Elisabeth Achler wurde am 19. Juli 1766 von Papst Clemens XIII. selig gesprochen. Ihr Grab im Kloster Reute zieht auch heute noch jährlich Tausende von Pilgern an.

Selbstbewusst und erfolgreich

Die Ärztin Agatha Streicher

Es ist ein dringlicher Brief von Kaiser Maximilian II., der am 7. September 1576 in Ulm eintrifft. Darin bittet die an schwerer Gicht erkrankte Majestät die Ulmer Ratsversammlung eilends um die Entsendung der Jungfrau Agatha Streicher nach Regensburg. Der Rat solle die Kosten übernehmen sowie für eine standesgemäße und gefahrlose Reise sorgen. Dazu werden erfahrene Schiffsleute angeordnet und ein wärmender Ofen. »Und sollen meine günstigen Herrn Stettrechner sie (Agatha) uff eines E. Raths costen mit dem Schiff, auch dem begerten öfelin und guten erfarnen Floßleuten dermaßen bedenken und solche verordnung thun …«

Die praktizierende Ärztin packt schnell ihr Reisegepäck. Darin sind Tiegel, Kräuter, Tinkturen und geriebene Wurzeln. Schon bald bricht sie mit der den kaiserlichen Forderungen entsprechend vorbereiteten Zille auf der Donau an einem kalten Ulmer Septembermorgen auf. Kaiser Maximilian II. befindet sich auf dem Reichstag in Regensburg, er ist in einem sehr schlechten Zustand. Seine Reise dorthin musste er bereits in Straubing für drei Tage wegen heftiger Nierenkoliken unterbrechen.

Ein Höfling in Regensburg berichtet, es sei eine Ärztin aus Ulm gekommen, »wellich villn Fürsten und Herren Testimonia Irer Artzney gehabt«. Es ist bekannt, dass Adlige und kirchliche Würdenträger von weit her nach Ulm reisen, um sich von Agatha Streicher behandeln zu lassen. Zu ihren Pa-

tienten zählt die Markgräfin von Baden ebenso wie der Bischof von Speyer.

Es war Bernhard Ilsung, Landvogt von
Schwaben, der dem Kaiser am Krankenbett
in Regensburg die Heilkunst der Agatha
Streicher empfahl. Auch der Probst von Tri-
ent, Franz von Prinkenstein, und Günther
Graf von Schwarzenberg hatten zuvor bereits
die erfolgreiche Hilfe der weit über die Grenzen ihrer Heimatstadt angesehenen Ärztin
in Anspruch genommen und dies Maximilian II. gegenüber bestätigt.

Am Hof des Kaisers freilich wird die Kon-
sultation der Ulmer Medizinerin von dessen
Leibärzten nicht gerade begeistert aufgenommen. Es kommt sogar zu offenen Feindselig-
keiten. Agatha Streicher ist eine ernstzuneh-
mende Konkurrentin.

**Ulm um 1597. Nachdem
sich einige Ärzte und
die Apotheker Ulms
beschwert hatten,
dass Agatha Streicher
als Ärztin arbeitete,
beschloss der Rat die
Streicher'schen Kuren
zu verbieten, es sei
denn, die heilkundige
Frau lege einen Eid ab.
Im März 1561 legte sie
diesen Schwur im Steu-
erhaus ab und erwarb
sich das Recht, als freie
Ärztin in Ulm praktizie-
ren zu dürfen.**

Die Ärztin Agatha Streicher

Der kaiserliche Leibarzt Johann Crato von Krafftheim lässt sich nicht besonders freundlich über die Kollegin aus. Er berichtet einem Zeitgenossen von dem »unverschämten Weib«, »das wie bei solchen Schwindlern üblich« erklärt

Die Ärztin Agatha Streicher

habe, es sei höchste Zeit, »ohne ihr Eingreifen hätte der Kaiser nicht drei Tage mehr gelebt«. Er beklagt sich über ihre »verderbliche Frechheit« und darüber, dass es zwecklos gewesen sei, den Kaiser zu bitten, sich von ihr nicht länger berücken zu lassen. Auch sei der ganze Hofstaat voll des Lobes für die »Altweiberkur« gewesen. Besonders erbost ist Krafftheim auch deswegen, weil sein Kollege Dr. Julius Alexandrinus, der erste Leibarzt des Kaisers, seine Zustimmung zur Kur der Ulmer Ärztin gegeben hat.

Ihr Können und die bereits verbuchten Erfolge haben Agatha Streicher selbstbewusst gemacht. Nach Untersuchung des Kaisers diagnostiziert sie: »Eur Maj. haben auf der rechten Seiten ein unfletiges gelbes und schleimiges Wasser, das müeß ausgeführt werden.« Andernfalls »möchte es mit Sr. Maj.

Gegenüberliegende Seite: Kaiser Maximilian litt schon seit längerem an schwerer Gicht. Am 7. September 1576 bat er die Ulmer Ratsversammlung um die Entsendung von Agathe Streicher zum Reichstag nach Regensburg. Sie konnte ihn nicht mehr heilen, dazu war die Krankheit zu weit fortgeschritten. Doch sie linderte seine Leiden und blieb bis zu seinem Tod fünf Wochen später an seinem Krankenbett.

Muehe werden«. Sie verbietet Maximilian II. aufs Strengste den Wein, den der Leibarzt Crato zuvor als nahezu einziges Mittel zur Erhaltung der Kräfte sieht. Die Ärztin bereitet dem Kaiser stattdessen warme Umschläge und gibt ihm verschiedene Arzneimittel, die ihm kurzfristig Linderung verschaffen. Doch für eine Heilung ist es zu spät. Der Kaiser stirbt rund vier Wochen nach seinem dringlichen Ruf nach der Ulmer Ärztin am 12. Oktober 1576. Agatha Streicher ist zu diesem Zeitpunkt etwa 56 Jahre alt.

Im Gegensatz zu den Ärzten des Kaisers hatte sie kein Medizinstudium absolviert. Wie sollte sie auch? Das war Frauen zu jener Zeit, und noch lange danach, nicht erlaubt. Die Ulmerin hatte allerdings schon im März 1561 im Ulmer Steuerhaus geschworen, dass sie »Burger oder Burgerin,

Gegenüberliegende Seite: Vielfach wurden zu Lebzeiten der Ulmer Ärztin die Leute auch von einem Bader behandelt, wie der Stich von Jost Amman von 1568 zeigt.

Einwohner oder Einwohnerin dieser Stadt … zu seiner Krankheit das best nutzest und getrewst nach irer besten verstandnus raten und helfen und sich dessen an zimlicher belonung begnügen lassen söll und wöll …« Mit diesem Eid hatte sich Agathe Streicher die Erlaubnis erworben, als freie, nicht von der Stadt eingestellte Ärztin in Ulm praktizieren zu dürfen. Um diese Zulassung hatte sie sich jedoch nie beworben. Selbstbewusst hatte sie bereits zuvor, ebenso wie ihr Bruder Dr. Hans Augustin Streicher, in der Stadt praktiziert. Die Ulmer Apotheker und zwei Doktoren hatten sich deswegen beim Rat beschwert. Daraufhin hatte dieser beschlossen, die Streicher'schen Kuren zu verbieten, es sei denn, sie würde den Eid ablegen.

Agatha Streicher wurde als Ärztin zugelassen, obwohl üblicherweise die Vorlage eines Zeugnisses dafür verlangt wurde. Doch die beim Rat verklagte Medizinerin hatte bereits prominente und einflussreiche Patienten. Die galt es nicht zu brüskieren. Vom Bischof von Speyer bekam die offenkundig erfolgreiche Heilerin Wein verehrt, als dankbares Entgelt für die medizinische Hilfe. Ihre Einkünfte waren nicht schlecht: In den Ulmer Pfandbüchern trat sie immer wieder als Gläubigerin für Summen von 100 bis 800 Gulden in Erscheinung.

Agathas Lebensweg ist alles andere als gewöhnlich: Sie wurde um das Jahr 1520 als jüngste Tochter des Ulmer Arztes Hans Streicher und seiner Frau Helene in der Sattlergasse geboren. Nach dem Tod ihres Mannes betrieb Agathas Mutter dort ein Ladengeschäft. Das Einkommen daraus und die Tatsache, dass sie mütterlicherseits mit der Familie Gienger, einer der wohlhabendsten Familien der Stadt Ulms zu jener Zeit, verwandt war, erlaubte ihr eine gute Erziehung ihrer Kinder. Im Hause Streicher verkehrten Männer der Refor-

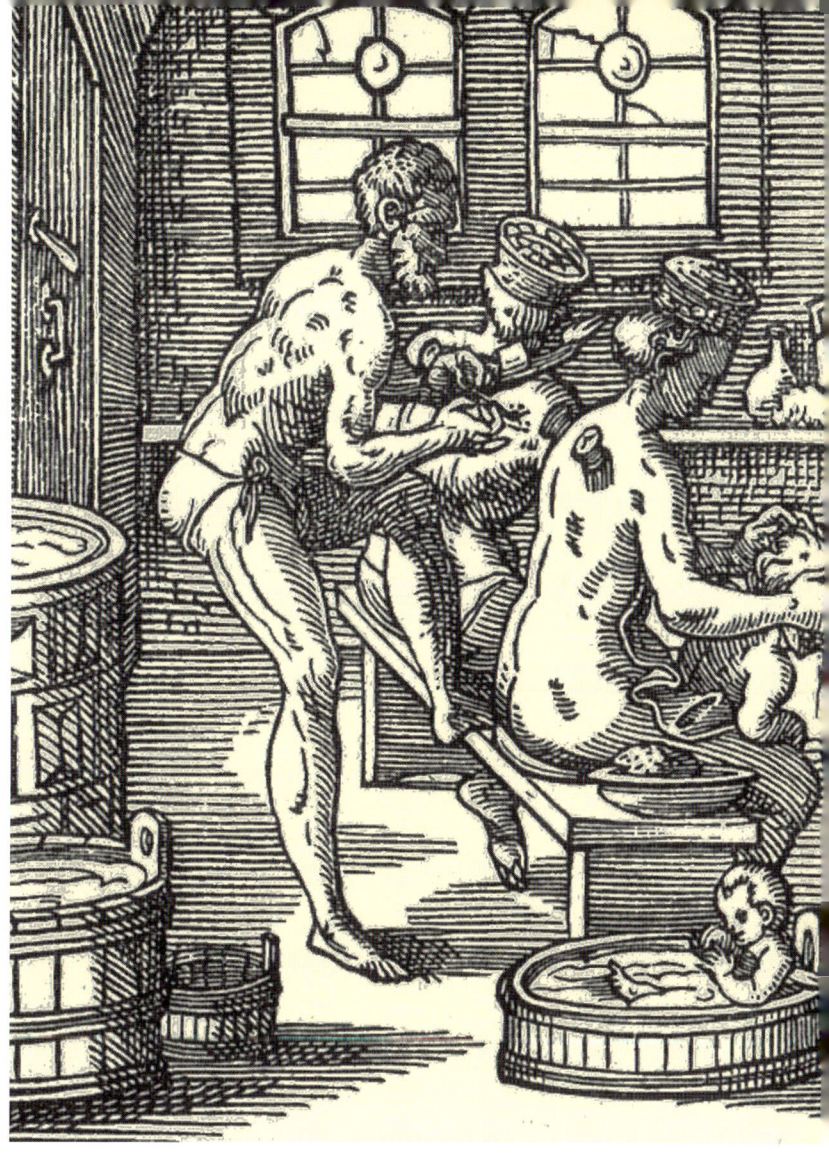

mation. Besonderen Einfluss auf den Werdegang der drei Töchter und des Sohnes hatte der schlesische Reformator Caspar von Schwenckfeld. Nach anfänglicher Freundschaft mit Martin Luther galt der Theologe und Mystiker wegen

Der Stich zeigt die Herstellung von Alkohol und Kräuteressenzen im 16. Jahrhundert.

seiner abweichenden Meinung zur Abend-mahls-Lehre allerdings als Schwärmer und Sektierer, der nicht überall gern gesehen wur-de. Im Hause Streicher ging er ein und aus – auch dann noch, als er offiziell Ulm verlassen musste. Die Familie und der Theologe blieben einander treu – heimlich. Wenige Tage vor seinem Tod im Dezember 1561 schreibt er: Dass er in Ulm weile, sei die Schuld der Jungfrau Agatha, die weit und breit berühmt sei, »und der Gott geschenkt die Gabe der Gesundmachung«. Der Theo-loge starb im Haus der Ärztin und wurde dort in aller Heim-lichkeit im Keller bestattet. Einige munkeln, Schwenckfeld und Agatha seien ein Liebespaar gewesen.

Agatha Streicher bekennt sich nach der Rückkehr vom Sterbebett Maximilians II. offen zu der Schwenckfeld'schen Gemeinde, die als »sektiererische Religionsgruppe« einge-stuft ist. Sie lässt sich auch von Anfeindungen nicht groß beeindrucken und kämpft sogar vor der Ratsversammlung für Glaubensfreiheit. Doch immer mehr Anhänger von Schwenckfeld, darunter auch die Haushälterin von Agatha Streicher, werden aus der Stadt verbannt. Im April 1581 stirbt die Ärztin mit etwa 60 Jahren und wird ohne religiöse Feier in einem offenen Sarg beerdigt.

Als Hexe verbrannt

Die Hebamme Anna Persauter

Der Beruf, den Anna Persauter gewählt hatte, war ein gefährlicher. Konnten doch die Menschen zu jener Zeit aus vielerlei Gründen unversehens krank werden und sterben, ohne dass die Frau aus Saulgau

Aus dem Handbuch zur Geburtshilfe des Arztes Eucharius Rösslin d. Ä., 1513, dem Standardwerk für Hebammen.

schuld gewesen wäre. Gleichwohl gab es für die Hebamme, die neun eigenen Kindern das Leben geschenkt hatte, auch viele schöne Momente. Dann nämlich, wenn ein Neugeborenes kräftig schrie und alles an ihm dran war, was an so einem neuen Erdenbürger eben dran sein musste. War auch die Mutter ansprechbar, verlangte nach ihrem Kind und hatte nur die normale Menge an Blut verloren, dann war Anna Persauter froh. Sie raffte die blutigen Tücher zusammen, schickte nach dem Herrn des Hauses und bereitete der Mutter einen kräftigenden Kräutertrank.

1. *Pfarrkirche.*
2. *Rathhaus.*
3. *Oberamt.*
4. *O.A.Gericht.*
5. *Spital:*

PLAN
der Stadt
SAULGAU

Im Frühjahr 1666 gab es in Saulgau plötzlich Gerüchte: Anna Persauter habe eine niedergekommene Webers-
frau und deren Brust verhext und habe ihr so die Milch
genommen, so dass diese keine mehr habe geben können:
»… habe daryberhin ihro die brüst berüehrt, und mit einem finger ein tropfen milch in ihren mundt genommen
und vermeldt, wie es ein bittere milch seye, und selbe wider
ausgesbihe, yber diß habe sie die milch wieder völlig ver-
lohren …« In einem anderen Fall hieß es, dass die Hebamme in Gestalt einer Katze im Schlafzimmer eines Ehepaares
gewesen sein sollte. Der Mann habe die entdeckte Katze
mit einem Stock derb geschlagen und auf den Misthaufen

Die Hebamme Anna Persauter

geworfen, in der Annahme, das Tier sei tot.
Doch dort sei die Katze später nicht mehr ge-
legen. Verschiedene Frauen hatten die Hebamme am Tag vor diesem Vorfall noch putz-
munter gesehen und nach der erwähnten
Nacht, wie sie plötzlich »fast eines gliedt nit
mehr habe rühren können«. Was natürlich
nur bedeuten konnte, dass Anna Persauter
eben diese halb zu Tode geschlagene Katze
gewesen war. Auch wurde behauptet, dass
die Hebamme einer Mutter geraten habe,
die Zunge eines Neugeborenen zu lösen, in-
dem sie ein in Oster-Taufwasser gewaschenes

Gegenüberliegende
Seite: Anna Persauter
lebte in einfachen
Verhältnissen. Ihr Mann
Leo Persauter hatte ein
»Haus und Thunglege«
in Saulgau. Der Aus-
schnitt der Karte aus
der Beschreibung des
Oberamts Saulgau von
1829 zeigt einen Plan
des Städtchens.

Geldstück, einen halben Batzen, drei Mal am Tag unter der
Zunge drehen sollte. »Daß kind iedoch auß einem arbeithl
seye hinnach den 5. oder 6. tag gestorben …«

Durch verschiedene geheime Zeugenvernehmungen
kam es am 18. Mai 1666 zur Anklage gegen sie. Anna Persauter wurde zehn Tage später ins Saulgauer Rathaus gebracht und vernommen. Zunächst leugnete die Hebamme
die ihr vorgeworfenen Taten heftig: »… und ihro vorgehal-
ten beständig abnegiert und und abgelaugnet …« Als man
ihr mehr zusetzte, hatte sich Anna Persauter immer noch
»… ziemblich trotzig erzaigt …«.

Nachdem die Hebamme auch am 31. Mai trotz weiterer
Befragungen zu den verschiedenen Fällen kein Geständnis
ablegen wollte, kam man überein, die Hebamme peinlich
zu befragen. Das hieß nichts anderes, als dass man sie fol-
terte. Doch die 42-Jährige überstand die Misshandlungen
ohne Geständnis in Sachen Hexerei. Im Urteil vom 23. Juli
1666 ist allerdings von Unzucht, etlichen Ehebrüchen und
Diebstählen die Rede. Die Zeilen, die als Bestrafung die
Vertreibung der Hebamme aus der Stadt festlegten, sind

jedoch durchgestrichen. Stattdessen lautet das endgültige Urteil »auf den branger stöllen und zway ruethen in die beiden händ geben und hernach nach haus gelassen und dahier verpannisiert sein bis uf ein andern disposition der obrigkeit«. Der Prozess endete überraschenderweise damit, dass die Angeklagte an den Pranger gestellt wurde, sie zwei Rutenschläge auf die Hände bekam und fürs Erste in ihr Haus verbannt wurde. Anna Persauter war zu diesem Zeitpunkt im vierten Jahr als Hebamme tätig.

Anna Persauter wurde am 29. September 1624 als Anna Kempter geboren. Am 24. Juni 1646 heiratete sie Leo Persauter. Die Familie lebte in einfachen Verhältnissen. Leo Persauter hatte ein »Haus und Thunglege« im ersten Stadtviertel von Saulgau. In der Stadtchronik heißt es, dass die Familie von »geringem Ansehen« gewesen sei. In Ratsprotokollen späterer Jahre tauchte der Name Persauter öfter auf, wenn der Rat über Diebstähle und Fälle von übler Nachrede und Ehrabschneidungen befinden musste.

Zwischen 1518 bis 1684 gab es in Saulgau 46 Hexenprozesse, 29 endeten mit einer Hinrichtung, zwei mit Verbannungen. Von anderen Verfahren ist der Ausgang unbekannt. Anna Persauters Fall ist in jeder Hinsicht etwas Besonderes: Nicht nur, dass sie nach dem ersten Prozess mit dem Leben davongekommen war, auch von ihrem zweiten Prozess sind die Protokolle heute noch vollständig vorhanden.

Sechs Jahre nachdem die heilkundige Saulgauerin zur Strafe in ihr Haus verbannt worden war, wurde sie durch eine in Buchau als Hexe zum Tode verurteilte Frau denunziert. Diese bezichtigte in ihrem Prozess Anna Persauter als ihre Lehrmeisterin. Nur wenig später kam es in Saulgau in der unteren Vorstadt zu einer Brandkatastrophe: Vier Wohnhäuser und einige Scheunen brannten ab. Im Pro-

Die Hebamme Anna Persauter

tokoll wurde vermerkt, dass die ganze Stadt, sowohl Geistliche als auch Bürger, der einhelligen Meinung war, dass dieser Brand keine natürliche Ursache haben könne, sondern das Werk von Hexen wäre.

Man erinnerte sich an Anna Persauters ersten Hexenprozess und die eigentlich ungeklärten Fälle von damals. Die Hebamme wurde daraufhin am 17. Februar 1672 verhaftet. In geheimen Vernehmungen belasteten sie etliche Zeugen erneut. Sie schilderten auch mehrere Begebenheiten, die sechs oder sieben Jahre zurücklagen,

Wie hier Leonora Galigaïs auf dem Place de Grève in Paris 1617 wurde Anna Persauter am 26. März 1672 in Saulgau zuerst enthauptet und danach auf dem Scheiterhaufen verbrannt.

also zu jener Zeit passiert sein sollten, als die Hebamme das erste Mal angeklagt gewesen war. Unter anderem ging es um einen Eierkuchen, den Anna Persauter einem Mädchen zu essen gegeben haben soll. Die Auswirkungen: »… das das medle nach eingenommenen khuochen nie mehr recht worden, einstmals dem Amman von Tissen die fenster eingeschlagen …«

Am 18. Februar 1672 hatte man am Rand des Protokolls in anderer Handschrift vermerkt, dass die Hebamme, ebenso wie ihre Tochter Ursula, die am selben Tag verhaftet worden war, bekannt habe, dass sie etliche Male bei Hexentänzen anwesend gewesen sei. Ursulas Prozessprotokolle sind nicht mehr vorhanden. Am 5. März 1672 trug man Anna Persauter vor, dass ihre Tochter Ursula angegeben habe, sie habe das Hexenwerk von der Mutter gelernt. Am 11. März 1672 wurde im Protokoll vermerkt, dass man die Hebamme gefoltert habe. »… hat aber von der Hexerei ganz nichts bekennt.«

Vier Tage später bekannte Anna Persauter schließlich nach wiederholter schwerer Folter, dass sie eine Hexe sei und sie bereits seit 15 Jahren mit dem bösen Geist in Gestalt eines Pfarrers Unzucht treibe. Die weiteren Bekenntnisse von Säuglingstötungen, Wettermachen und Hexentänzen füllen einige Seiten. Am Schluss dieses 15. März soll die Hebamme erklärt haben: »… wolle sie von Herzen gern sterben … und bitte allein ein ehrsamer rath wolle ihme ihre khleine Kinder befohlen sein«. Auch am 22. März bittet sie erneut darum, dass man sich ihrer Kinder annehme. Einen Tag später wurde ihr der Tod verkündet und Beichtväter zugelassen.

Am Samstag, 26. März 1672, wurde Anna Persauter enthauptet und auf einem Scheiterhaufen verbrannt. Im Protokoll steht als Schlusssatz: »Gott gnad der armen seel, ist wohl gestorben.«

»Viel Feuer und Talent zu heftig tragischen Rollen«

Die Schauspielerin Felicitas Abt

Als in Biberach am 3. September 1761 Shakespeares »Sturm« von der »Evangelischen Comödiantengesellschaft« erstmals in deutscher Sprache aufgeführt wurde, stand Felicitas Knecht schon seit geraumer Zeit in den verschiedensten Rollen auf der Bühne ihrer Heimatstadt. Diesmal bekam sie von Christoph Martin Wieland, Direktor der Komödiengesellschaft und Übersetzer des Stücks, allerdings keine Hauptrolle. Das Gerede war ohnehin schon schlimm genug. Die Tochter des Chirurgen Johann Adam Knecht hatte zu diesem Zeitpunkt bereits ein Liebesverhältnis mit dem verheirateten Johann Daniel Dettenrieder. Sie hatte den acht Jahre älteren Büchsenmachergesellen und Vater eines Sohnes auf ebenjener Bühne kennen gelernt. Aus den gespielten Liebesszenen entstand eine Liebe fürs Leben.

1765 brannte sie mit ihrem Bühnenpartner Dettenrieder

Madame Abt besaß laut dem Buch »Aus dem Leben ausgezeichneter Teutschen des 18. Jahrhunderts« »viel Feuer und Talent zu heftig tragischen Rollen«.

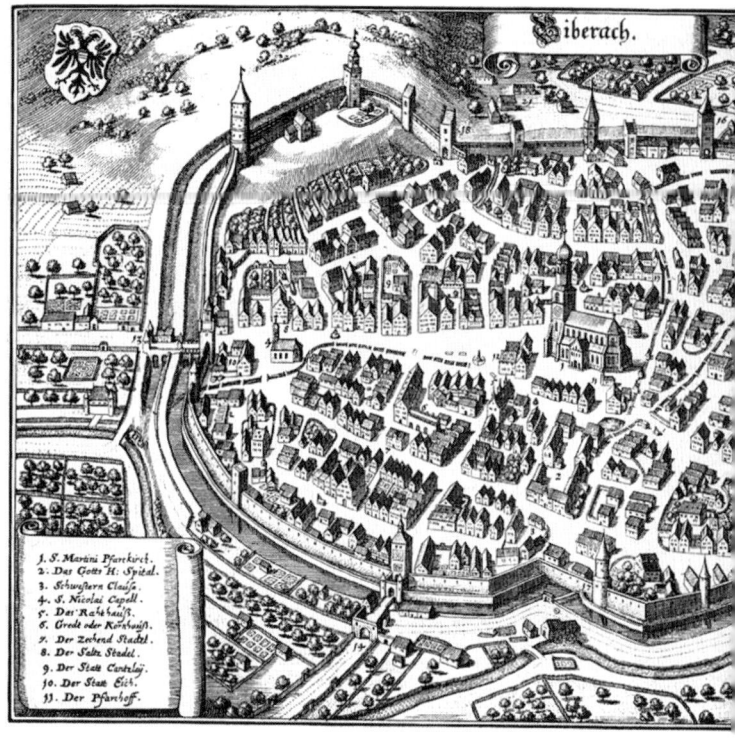

durch – was für ein Skandal für die Reichsstadt und noch mehr für die Familie Knecht! In diese durchaus angesehene Biberacher Familie war Felicitas am 18. Oktober 1741 hineingeboren worden. Ein dahergelaufener schauspielernder Büchsenmachergeselle, noch dazu verheiratet, das war wohl nicht unbedingt jemand, den sich Johann Adam Knecht als Ehemann für seine Tochter vorstellte. So war es also kein Wunder, dass sich die junge Schauspielerin vor ihrer bürgerlichen Familie zunächst in der Nähe von Heilbronn versteckte. Johann Daniel Dettenrieder reiste voraus nach Norddeutschland, sie folgte ihm kurz darauf. Dort, fernab der Heimat, debütierte sie 1766 in Anfängerinnen-Rollen in der

Die Schauspielerin Felicitas Abt

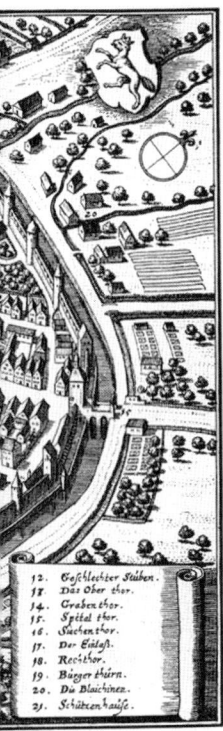

12. Geschlechter Stuben.
13. Das Ober thor.
14. Graben thor.
15. Spital thor.
16. Sachsen thor.
17. Der Eislaß.
18. Rech thor.
19. Bürger thürn.
20. Die Blaichinen.
21. Schützen häuse.

Truppe von Konrad Ernst Ackermann in Hamburg unter dem Pseudonym Demoiselle Dingler(in). Das war übrigens der Mädchenname ihrer Mutter Benigna Friederike. Wenig später nannten sich Felicitas Knecht und Johann Daniel Dettenrieder Felicitas und Karl Abt – ob mit oder ohne Trauschein, ist ungewiss.

Die beiden traten in Hamburg, Göttingen und Bremen auf. Karl Abt war ihr Schauspiellehrer, doch schnell war Felicitas bekannter – und vor allem beliebter – als er. Sie hatte sich einen eigenen schauspielerischen Stil angeeignet, der ihr oft Huldigungsgedichte einbrachte – ebenso wie die Eifersucht ihres Mannes. Egal wo sie hinkam, wurde ihr zurückhaltendes Wesen gerühmt. Im Umgang mit ihren oft leichtfertigen Kolleginnen hielt sie sich offenbar zurück. Im 1802 erschienenen Buch »Aus dem Leben ausgezeichneter Teutschen des 18. Jahrhunderts« wird sie folgendermaßen gerühmt: »Sie besaß viel Feuer und Talent zu heftig tragischen Rollen, und gehörte überhaupt zu den vorzüglichern Schauspielerinnen der Teutschen Bühne …«

Während eines Gastspiels 1767 in Thüringen gewann Felicitas Abt die Freundschaft der kunstliebenden Herzogin Anna Amalia in Weimar. Erst fünf Jahre später sollte Felicitas' ehemaliger Biberacher Bühnendirektor Chris-

Gegenüberliegende Seite: Biberach 1643. Was für ein Skandal: Felicitas Knecht, Tochter des Biberacher Chirurgen Johann Adam Knecht, hatte bereits 1761 ein Verhältnis mit ihrem anderweitig verheirateten Bühnenpartner Johann Daniel Dettenrieder. Vier Jahre später brannte sie mit ihm nach Norddeutschland durch.

toph Martin Wieland als Prinzenlehrer an den Weimarer Hof kommen. Die Freundschaft zwischen der bürgerlichen Schauspielerin und der Herzogin war herzlich und hielt ein Leben lang. Anna Amalia übernahm die Patenschaft von Felicitas' ältestem Sohn. Sie setzte ihm sogar eine lebenslängliche Rente aus. Das war zu jener Zeit alles andere als normal, galten Schauspieler doch nicht viel mehr als Küchenpersonal oder andere Bedienstete.

Nach einer Tournee durch Sachsen verließen die Abts die Truppe von Konrad Ernst Ackermann. In der folgenden Zeit waren sie mit wechselnden Wanderbühnen unterwegs. Karl Abt, von aufbrausendem Gemüt und dem Alkohol nicht eben abgeneigt, brachte oftmals sogar die Gage seiner Frau durch. Gleichwohl verlangte er stets vollen Einsatz von ihr – auch dass sie während ihrer Schwangerschaften bis kurz vor der Niederkunft auf der Bühne stand. Immer wieder versuchte Karl Abt ein eigenes Ensemble zu etablieren, was jedoch nur kurz gelang.

Das Ehepaar kam schließlich wieder nach Göttingen. Dort war Felicitas Abt besonders bei den Studenten beliebt. Sie wurde nicht nur wegen ihrer Schauspielkunst heftig bejubelt, sondern wohl auch wegen ihrer Schönheit. Doch nicht nur die Studenten waren angetan. Caroline Michaelis, Tochter eines Professors und später mit dem Literaturhistoriker August Wilhelm Schlegel verheiratet, urteilte: »Die Komödie ist gar nicht schlecht, es sind sogar Schauspieler dabei, die ausgezeichnet spielen wie z. B. Herr und besonders Madame Abt.«

Das Ehepaar Abt tourte weiter. Sie traten in Braunschweig, Hannover, Kassel und Leipzig auf. Für besonderes Aufsehen sorgte Felicitas Abt 1779 in Gotha: Sie spielte als erste Frau den »Hamlet«. »Ihr kühner Geist bestand sogar das Wagnis Hamlet nicht ohne Beyfall auf einer Durchrei-

se in Gotha als Gastrolle zu spielen. Ihr Herz
und ihr Charakter waren ihrer Talente und
Kenntnisse würdig«, heißt es in dem Buch
»Aus dem Leben ausgezeichneter Teutschen
des 18. Jahrhunderts«.

Ein Jahr später konnte das Ehepaar ein
eigenes Theatergebäude auf dem Reithof in
Bremen errichten. Die Biberacher Schauspielerin spielte dort nicht nur zärtliche Liebha-
berinnen und Mütter oder Königinnen. Sie
trat auch in großen männlichen Charakter-
rollen auf. Mit den »Hosenrollen« garantierte
sie ein volles Haus und damit volle Kassen.
Sie soll wunderbar gespielt haben, aber oft

Am 3. September 1761
hatte Christoph Martin
Wieland in Biberach
als Bühnendirektor der
Evangelischen Komö-
diantengesellschaft
Shakespeares »Sturm«
auf die Bühne gebracht.
Eine Hauptrolle hatte
er Felicitas in diesem
Stück nicht zugedacht.
Das Gerede wegen ihrer
Liebesaffäre war schon
schlimm genug.

Johann Martin Klau-
flügel gestaltete 1749
diese Theatertafel für
die Evangelische Ko-
mödiantengesellschaft
Biberach.

hinter der Bühne aufgrund der physischen
und psychischen Anstrengung zusammenge-
brochen sein.

Felicitas Abt besuchte Christoph Martin
Wieland, der mittlerweile mit seiner Familie in Weimar lebte. Sie litt vermutlich zu
diesem Zeitpunkt schon unter Tuberkulose,
die damals als Schwindsucht bekannt war. Wieland soll der
Schwerkranken sein Heim auf Dauer angeboten haben.
Doch Felicitas Abt lehnte ab. Sie ging wieder auf die Büh-

Die Schauspielerin Felicitas Abt

ne, diesmal in Holland. Ein Rezensent schreibt in Wielands »Deutschem Merkur«: »Madame Abt hat jetzt in Holland die Vollkommenheit entwickelt, von der sie in Deutschland nur erste Anlagen zeigte. Selbst die größten holländischen und französischen Schauspielerinnen bezeugen, dass ihr Spiel edel ist, frei, ungezwungen, ihre Deklamation richtig, der Ausdruck ihrer Augen vortrefflich.«

Auf Tournee gastierte Felicitas Abt auch in Straßburg, wo sie in Goethes Freund Heinrich Leopold Wagner einen großen Bewunderer fand. Er schreibt: »Sie war das Wunder ihrer Zeit (…) Wegen der geschwächten Lungen der Madame Abt ist auch Abts Plan, nach England überzusetzen und den Engländern anstatt Shakespeares blutrünstigen Stücken die neuen deutschen Schauspiele anzubieten, gescheitert.« Ohne den Star konnte das Tourneetheater einpacken.

Im Winter 1783 kehrte Felicitas erstmals nach ihrer Flucht 17 Jahre zuvor für einen Besuch nach Biberach zurück. Ihr Mann blieb so lange in Ulm. Felicitas Abt wohnte in dieser Zeit bei ihrem Bruder, der wie zuvor schon der Vater seinen Lebensunterhalt als Bader und Chirurg verdiente.

In den ihr liebsten Städten Münster und Göttingen trat sie 1783 letztmals auf. In der Nacht vom 17. auf den 18. September starb sie im Alter von 42 Jahren in Göttingen. Ihr Mann gastierte zu diesem Zeitpunkt mit der Truppe in Pyrmont. Ein richtiges Begräbnis wurde der ortsfremden Schauspielerin zunächst verweigert. Der angesehene Professor Gotthilf Kästner ließ sie in seiner Familiengruft beisetzen. Er hatte sie, wenn sie in Göttingen auf der Bühne stand, oft bewundert: »Sie ist ein edles, tugendhaftes Weib, die ein besseres Los verdient. Gott lass es ihr im Jenseits werden.«

Ihr Mann starb ein Jahr nach ihr. Das Paar hinterließ drei Söhne.

Geschick mit dem Tod bestraft

Die »Schwarze Lis« Elisabeth Gaßner

hren größten Coup landete sie ausgerechnet bei dem Mann, der fünf Jahre später maßgeblich für ihre Hinrichtung verantwortlich sein sollte. Elisabeth Gaßner, auch die Schwarze Lis genannt, erleichterte 1782 zusammen mit einer Kameradin Graf Friedrich Schenk von Castell im Ludwigsburger Schloss um einen Geldbeutel mit rund 1400 Gulden.

Der russische Großfürst besuchte damals den Ludwigsburger Hof, der Graf war aus diesem Anlass eingeladen. Jede Menge Adel war zugegen. Zusammen mit ihrer Komplizin nahm Elisabeth Gaßner am Gottesdienst in der dortigen Schlosskapelle teil. Friedrich Schenk von Castell spendete einen Taler, worauf die Kameradin die Schwarze Lis hinwies. Da war offensichtlich was zu holen, Elisabeth Gaßner schritt zur Tat: Im Verhörprotokoll der Komplizin ist der Diebstahl näher beschrieben: Als nun »gedachter Herr bald aus der Kirche gegangen, seye Inquisitin (= die Schwarze Lis) vorausgegangen, und unter der Kirchentür neben den Herren habe hinstellen müssen, wo indessen ihre Kameräthin demselben in die Tasche gelanget, und den Geld Beutl samt Geld erwischet: in diesem seyen 1400 f. (= Gulden) gewesen«.

Dieser Diebstahl gilt als äußerst spektakulär. Kein Wunder: War doch zu dieser Zeit ein sehr gutes Pferd, heute mit einem Auto der gehobenen Mittelklasse vergleichbar, etwa 100 Gulden wert. Mit dem erbeuteten Betrag hätte leicht ein stattliches Haus in der besten Straße einer Freien

Reichsstadt bezahlt werden können. Elisabeth Gaßner selbst bezeichnete diesen Diebstahl in ihrem Verhör fünf Jahre später laut
Protokoll als »recht großen Procken«.

Am 26. September 1787 wurde sie aufgrund eines Verrats und einer anonymen
Anzeige in Neuhausen auf den Fildern verhaftet. Der als kaltblütig geltenden Diebin

Elisabeth Gaßner,
bekannt als »Schwarze
Lis«. Sie sorgte mit
ihren Diebstählen zum
größten Teil für den
Lebensunterhalt ihrer
Familie.

wurden ihre Muttergefühle zum Verhängnis: Sie hatte
dort in der Nacht ihr jüngstes Kind bei einer Pflegestelle
abholen wollen.

Die Schwarze Lis war als Tochter eines abgedankten Soldaten 1742 oder 1743 als Elisabeth Ebner in Biberberg bei
Ulm auf die Welt gekommen. Zu ihrer Herkunft machte sie
in den zahlreichen Verhören nur äußerst dürftige Angaben.

Im rechtlichen Gutachten zu ihrem Urteil wird davon aus-
gegangen, dass sie durch diese spärlichen Aussagen vertu-
schen wollte, dass bereits ihre Eltern mittellose Vaganten,
also Wohnsitzlose, waren. Kindheit und Jugend der Schwarzen Lis bleiben im Dunkeln. Im Alter von 27 oder 28 Jahren

Die »Schwarze Lis« Elisabeth Gaßner

wurde sie aktenkundig: Soldaten griffen sie wegen ihres »liederlichen Lebenswandels« und »Umvagierens« auf. Während die Soldaten schliefen, gelang ihr die Flucht.

1772 heiratete sie den ehemaligen Soldaten Johann Gaßner aus Biberberg und brachte sieben Kinder zur Welt. Sechs Jahre später erwarb die Familie dort ein Haus, wie die Historikerin Silja Foshag herausgefunden hat. Damit unternahm das Ehepaar allem Anschein nach den Versuch, den Stempel »Wohnsitzlose« und »herrenloses Gesindel« loszuwerden.

Als abgedankter Soldat hatte der Ehemann der »Schwarzen Lis« vermutlich keinen Beruf erlernt. Er neigte außerdem dazu, das Geld in Wirtshäusern zu verprassen, wie Elisabeth einer Komplizin erzählte: »… daß sie Gaßner so hart gehalten, und geschlagen, daß sie von ihm gehen müssen, und dieses harte Verfahren nicht länger habe ausdauern können. Er alleinig sey die Ursach an ihrem und ihrer Kinder Unglück gewesen. Sie habe vieles gestohlen von Betteren, seidenen Halstüchern, Geld, silberne Tabackdosen, Sack Uhren, und dergleichen, daß sie oft 90 bis 100 fl. (= Gulden) zu ihme gebracht, welches sie thun müssen, wenn sie anderst nur Frieden mit Ihme habe wollen. Er seye inzwischen in denen Wirthshäusern gesessen, gefressen und gesoffen«.

Die Schwarze Lis musste ganz offensichtlich für den Lebensunterhalt der gesamten Familie sorgen. Trotz des eigenen Hauses war bei ihr von Sesshaftigkeit keine Spur. Sie war meist unterwegs, hielt sich und ihre Familie mit Markt- und Taschendiebstählen über Wasser und möglicherweise auch mit einem Gelegenheits- und Wanderhandel, wie die Historikerin Eva Wiebel vermutet. Für ihre Kinder, die mal

Gegenüberliegende Seite: Graf Friedrich Schenk von Castell wurde von der »Schwarzen Lis« 1782 in der Schlosskapelle in Ludwigsburg um einen Geldbeutel mit rund 1400 Gulden erleichtert. Fünf Jahre später sorgte der »Malefizschenk«, wie er auch genannt wurde, für ihre Hinrichtung.

bei der eigenen Mutter, mal bei der Schwiegermutter lebten, ließ Elisabeth auch hin und wieder Bücher mitgehen.

1781 wurden sie und ihr Mann angezeigt und verhaftet. Die Schwarze Lis konnte fliehen, er nicht.

Aber eine Mutter bleibt auch als Diebin eine Mutter: Elisabeth Gaßner kehrte nochmals heimlich nach Diberberg zurück, um sich von ihren Kindern zu verabschieden. Sie hatte genug, sie wollte nicht mehr die Frau von Johann Gaßner sein. Die nächsten zwei Jahre durchzog sie die Schweiz und Tirol mit einem neuen Lebensgefährten: Rieser Matthes galt als einer der feinsten Taschenspieler und als Erzdieb.

Vergeblich versuchte der verlassene Johann Gaßner nach Verbüßung der Haftstrafe seine Ehefrau zurückzuholen, fehlte sie doch als Ernährerin der Familie. Das gemeinsame Haus musste schließlich verkauft werden.

Ihren Spuren in Diebslisten zufolge lebte Elisabeth Gaßner 15 Jahre auf der Straße, was zu ihren Lebzeiten nichts Ungewöhnliches war. Rund zehn Prozent der Bevölkerung hatte kein festes Zuhause, war als Bettler, Scherenschleifer, Kesselflicker, Wanderkrämer, Trickbetrüger, Gaukler, Musikant und Dieb ständig unterwegs. Sie wurden allesamt von der Obrigkeit unter der Definition »Gauner« zusammengefasst.

Zu jener Zeit begannen die einzelnen Herrschaften bei der Verbrechensbekämpfung zusammenzuarbeiten. Wer geschnappt wurde, verriet der Rettung der eigenen Haut wegen oft seine Komplizen. Die Beschreibungen der Gauner und ihre Delikte landeten damit auf Fahndungslisten, damals Diebs- oder Gaunerliste genannt.

Wie muss man sich eine Frau vorstellen, die schon aufgrund ihrer Geburt und äußerer Umstände den Weg als Diebin wählte und mit ihrem »Handwerk« durchaus für ihren Lebensunterhalt und für ihre Familie sorgen konnte? In einer

Die »Schwarze Lis« Elisabeth Gaßner

Gauner- und Diebsliste von 1782 beschreibt ein Delinquent ihr Aussehen folgendermaßen: »Die gastners Lis, oder sonst auch schwarze Lis genannt, 38jährigen Alters, langer buckleter Statur, langlecht, schwarz, etwas dupfeten Angesichts; worinn etliche Warzen sind, schwarzen Haaren, und Augenbrauen, hat eine große Nase, und dergleichen Maul.«

Zwei Jahre später wird das Bild durch Charakterisierungen zweier anderer Gauner ergänzt: »… ein Ausbund aller Huren und Diebinnen und besonders im Sackgreifen wohl erfahren, welches Handwerk sie auch stark betreibe, und besonders auf dem Blutfest in Weingarten manches hundert Gulden hohle …«

299 Diebstähle und Einbrüche mit einem Gesamtschaden von 5859 Gulden gestand die Schwarze Lis. Aufgelistet

Friedlich zeigt sich Oberdischingen auf diesem Gemälde. Unter der Herrschaft des »Malefizschenks«, der sich als Reichsgraf für Strafverfolgung und Strafvollzug starkmachte, ließen dort etliche Gauner ihr Leben auf der Richtstätte.

Die »Schwarze Lis« Elisabeth Gaßner

zeigen sie die Stationen ihres Wanderlebens. Das allerdings war nur auf den ersten Blick unstet: Sie war beim Markgröninger Schäferlauf ebenso anzutreffen wie beim Ulmer Fischerstechen, beim Blutfreitag in Weingarten oder dem Katharinenmarkt in Sulzberg/Vorarlberg. Elisabeth Gaßner hatte die Termine der Feste, Messen und Märkte im Kopf und plante ihre Routen danach. Sie war spezialisiert auf Taschendiebstähle und erleichterte im Gedränge ihre Opfer um wertvolle Taschenuhren, Tabakdosen, Schnupftücher und vor allem um Geld. Zwischen 1776 und 1781 war die Schwarze Lis aber auch an einigen durchaus erfolgreichen Einbrüchen beteiligt.

In den Verhörprotokollen beschreibt Elisabeth Gaßner die Delikte und ihren Ablauf detailliert. Die Historikerin Eva Wiebel schließt aus diesem zum Teil weit zurückreichenden Erinnerungsvermögen auf die große Bedeutung der Diebstähle, die über den rein ökonomischen Stellenwert hinausgehen. In den genauen Beschreibungen der Diebin spiegelt sich wohl auch ein gewisses Selbstbewusstsein, das sich auf ihren Erfolg und ihr Können bezieht. Dafür wurde sie im Laufe der Zeit auch weithin bekannt. So spricht auch eine Aussage ihres Mannes von einer gewissen Bewunderung: »Diese seye die Hauptpersohn in Deutschland, und habe alle ihre Lehrmeister weit übertroffen. Wenn sie etwas nur sehe, und es gern hätte, so habe sie solches in einem Augenblick, sie lauffe nur an denen Leuthen vorbei, und habe gleich die Sack Uhren oder geld aus dem Sack, so geschwind, daß man meine, sie könne das Hexenwerk.« Auch eine Komplizin verweist in einem Verhör auf das Können der Elisabeth Gaßner: »… seye (…) eine Meisterin im stehlen vor allen anderen …«

Auf Wunsch des Grafen Schenk von Castell wurde die Schwarze Lis nach ihrer Verhaftung 1787 von Neuhausen in seine Herrschaft Oberdischingen überführt. Er wollte ihr unbedingt den Prozess machen, hatte sie ihm mit dem Diebstahl in der Ludwigsburger Schlosskapelle einerseits eine arge Schmach zugefügt. Andererseits galt die Neigung des Grafen ohnehin der Verfolgung und Überführung von Straftätern, was ihm den Namen »Malefizschenk« einbrachte.

Die Untersuchungen und Verhöre im Fall Elisabeth Gaßner begannen im Oktober 1787 und dauerten bis in den Mai des folgenden Jahres. 1142 Fragen wurden ihr im Verlauf dieser Verhöre gestellt und zusammen mit ihren Antworten protokolliert. Immer wieder wurde im Anschluss daran ihre »fortgesezte Hartnäckigkeit« beklagt. Mehr als einmal wurde diese Widersetzlichkeit mit Schlägen geahndet. Um die Jahreswende dann begann die Schwarze Lis ausführlicher und detaillierter zu antworten. Durch Nachrichten, die von auswärts eingeholt worden waren, und aufgrund von Aussagen einiger Kameraden und Kameradinnen wurde sie zu diesem Zeitpunkt bereits schwer belastet. Doch sie gab sich noch nicht geschlagen.

Für die Historikerin Eva Wiebel, die die Verhörprotokolle und andere Quellen ausgewertet hat, scheint es, als ob die Diebin darauf geachtet habe, pro Verhör nicht zu viel preiszugeben. Diese Verzögerungstaktik und Unstimmigkeiten in ihren Aussagen erschwerten die zügige Untersuchung und Beweisaufnahme. Die Schwarze Lis arbeitete währenddessen auf eine Möglichkeit zur Flucht hin. Das war ihr bereits einige Male zuvor gelungen.

Eine unerwartete Wendung nahm das letzte Verhör. Anfangs antwortete Elisabeth Gaßner noch beinahe ergeben, ob

Abbildung,
Der Sogenanten Schwarßen Liſſel.
So zu Ober Diſchingen den 16 juli 1788 durch das Schwerd hin-
gericht wurde.

sie wünsche, dass die Sache bald zu Ende gehe, mit: »Ja, sie
bethe, dass man es ausmache, sie überlasse alles Gott und der
Obrigkeit (…)« Auf die Frage, was sie zu ihrer Entschuldi-
gung vorbringen könne, antwortete sie in gewohnter Art und
Weise: Es sei ihr Mann gewesen, der sie »verführet, und zu
diesem Lasterleben gebracht« habe. Sie habe nicht über die

Die »Schwarze Lis« Elisabeth Gaßner

Unrechtmäßigkeit ihres Tuns nachgedacht, und die Strafen, die sie erlitten habe, seien nicht hart genug gewesen, um bei ihr eine Besserung hervorzurufen. Sie bat darum, ihre Kinder noch einmal sehen zu dürfen, vor allem das Kleine. Dann, mit sicherem Gefühl für den schockierendsten Augenblick, erklärte sie ganz beiläufig, dass sie wieder schwanger sei. Die Schwängerung müsse kurz vor der Verhaftung erfolgt sein. Der Wahrheitsgehalt der Aussage wurde allerdings stark bezweifelt. Es war ein letzter verzweifelter Versuch der Elisabeth Gassner, Zeit für einen Fluchtplan zu gewinnen, denn ein Urteil wurde im Falle von Schwangeren zu dieser Zeit erst nach der Geburt des Kindes vollstreckt.

Gegenüberliegende Seite: Der Museumsverein Oberdischingen ist im Besitz einer Flugschrift, in der die Vergehen und das Urteil der »Schwarzen Lis« vermerkt sind. Die Abbildung zeigt die Diebin im Gefängnis in Ketten.

Das abschließende rechtliche Gutachten zu ihrem Fall kommt zu dem Schluss, die Schwarze Lis habe »keine Gelegenheit aus Handen gelaßen, sich fremdes Gut auf iede ihr faisable geschienene Art und Weise zuzueignen; sie habe Frevelthaten verübt, die fast alles Gefühl der Menschlichkeit über steigen«, und ihr »den allgemeinen Ruf einer verwegenen und verläumten Diebin zugezogen haben«. Es ist die Rede von »Raubbegierde, verstocktem Sinn oder einer eingewurzelt heillosen Denkungs Art«. Das Fazit des Gutachtens: Man solle sich entschließen, »dieses Ungeheuer durch das Schwert, und Aufsteckung des Kopfs auf den Galgen aus der Welt schafen zu lassen«.

Am 16. Juli 1788 wurde Elisabeth Gaßner im Alter von etwa 45 Jahren in Oberdischingen mit dem Schwert hingerichtet. Über das Schicksal ihrer zu diesem Zeitpunkt noch vier lebenden Kinder ist wenig bekannt. Die Schwarze Lis aber lebte fort in Legenden, die ihr mit der Zeit immer verwegenere Taten und Charakterzüge andichteten.

Die Schicksalsfürstin

Amalie Zephyrine von Hohenzollern-Sigmaringen

Als »unerträglich einengend« und sterbenslangweilig empfand sie das Leben in Sigmaringen. Kein Wunder: Fürstin Amalie Zephyrine von Hohenzollern war ein lebenslustiges Großstadtpflänzchen, das am 6. März 1760 in Paris als Prinzessin zu Salm-Kyrburg auf die Welt kam. Wenngleich der Familiensitz in Kirn an der Nahe lag, hielt sich ihre Familie überwiegend im Umfeld des Hofes von König Ludwig XVI. auf. Ende des 18. Jahrhunderts war die Stadt an der Seine schon eine Großstadt. Paris bot Adel und Gutbetuchten ein schillerndes Leben mit Oper, Theater und Literaturkreisen. Sigmaringen, die Residenzstadt an der jungen Donau, hatte zu jener Zeit nicht mal tausend Einwohner – von einem Unterhaltungs-Angebot à la parisienne ganz zu schweigen.

Doch das Provinzstädtchen am Rande der Schwäbischen Alb sollte nach der Hochzeit 1782 mit dem derben Bauernprinzen, wie Amalie Zephyrine Anton Aloys zu Hohenzollern-Sigmaringen nannte, zu ihrer neuen Heimat werden.

Zunächst blieb das frisch vermählte Paar in Paris. Beinahe zwei Jahre lange weigerte sich die junge Frau, in das »Provinznest« Sigmaringen umzusiedeln. So lange konnte sie sich gegen die im Ehevertrag festgehaltene

Gegenüberliegende Seite: Ganz vornehme Dame von Welt. So malte Auguste Garneray Amalie Zephyrine von Hohenzollern-Sigmaringen. Kein Wunder, dass die junge Frau nicht zum »Bauernprinzen«, wie sie ihren Mann Anton Aloys nannte, passen wollte.

Order stemmen, dass sie an der Seite ihres Mannes Anton Aloys in der Residenzstadt der Hohenzollern zu leben
habe. Das Volk dort konnte sich indes nicht erklären, wes-
halb man die Gemahlin von Anton Aloys noch nicht prä-
sentiert hatte. Gerüchte machten die Runde. Doch Amalie
Zephyrine ließ sich noch nicht einmal zu einem Besuch in
Sigmaringen bewegen.

Sigmaringen um 1750. Im Vergleich zu Paris, wo die Fürstin aufwuchs, war die Residenzstadt ein Provinznest. Amalie Zephyrine vermisste das glanzvolle Leben und konnte sich nicht an das rustikale Leben im Schloss gewöhnen.

Der Prinz befand sich in einer mehr als peinlichen Lage. Er konnte sich den Anweisungen seines Vaters Fürst Karl Friedrich nur schwerlich widersetzen und fuhr im Jahr nach der Eheschließung alleine nach Sigmaringen, während Amalie Zephyrine sich an ihrer neu gewonnenen Freiheit erfreute. Kurz zuvor hatte sie die Bekanntschaft einer Frau gemacht, die einmal großen Einfluss auf das Schicksal des Fürstentums Hohenzollern-Sigmaringen haben sollte: Marie-Josèphe de Beauharnais, die spätere Kaiserin Frankreichs.

Kurz nach Abreise ihres Mannes erkannte die Prinzessin, dass sie schwanger war. Diese Schwangerschaft bedeutete aufgrund ihrer schwächlichen Konstitution und den Gefahren einer so langen und beschwerlichen Reise für Mutter und Kind für sie eine Galgenfrist: Sie konnte noch länger in ihrem Paris bleiben. Im Herbst 1783 brachte Amalie Zephyrine einen Sohn zur Welt. Das Kind starb aber nach wenigen Tagen. Jetzt gab es keinen weiteren stichhaltigen Grund mehr, sich der Forderung ihres Schwiegervaters auf Umsiedlung zu verweigern.

Im Frühjahr 1784 kam die damals 24-Jährige schließlich erstmals nach Sigmaringen. Ihr junger Ehemann galt als verschwiegen und zurückhaltend. Doch als viel schlimmer muss Amalie Zephyrine die Atmosphäre im Schloss empfunden haben. Dort führte ihr Schwiegervater, Karl Friedrich von Hohenzollern, offenbar ein strenges Regiment. Dazu kam das in ihren Augen als rustikal empfundene Leben in der ungeliebten Residenz. Keinerlei Abwechslung, nichts, was ihren Neigungen oder gar dem verschwundenen glanzvollen Leben in Paris hätte gleichkommen können. Sie fühlte sich isoliert in dieser Familie und den Gebräuchen fremd, weigerte sich andererseits auch die deutsche Sprache zu lernen. Mehr und mehr litt Amalie Zephyrine und wurde trübselig. Und sie wurde wieder schwanger. Gleichwohl schwanden im Schloss die gegenseitigen Sympathien, wenn sie denn überhaupt je bestanden hatten.

Es muss für sie immer unerträglicher geworden sein. Anders kann man sich ihren Schritt nicht erklären. Zehn Wochen nach der Geburt ihres Sohnes Karl Anton, des ersehnten Stammhalters, floh die Fürstin im Mai 1785 aus der oberschwäbischen Provinz.

Der Journalist Gunter Haug geht nach intensiven Recherchen davon aus, dass sie ihre Flucht in Männerkleidern und teilweise zu Fuß angetreten hatte. Ihr Ziel: ihr 15 Jahre älterer und von ihr als Seelenverwandter empfundener Bruder Friedrich III. von Salm-Kyrburg, der zu diesem Zeitpunkt auf dem Familiensitz in Kirn lebte. Ihr Kind ließ sie in Sigmaringen zurück. Eine nicht nur für die damalige Zeit unerhörte Tat. Mit ihrer Flucht löste sie zwar einen regelrechten Skandal aus, doch sie blieb dabei: An der Seite ihres Mannes Anton Aloys in diesem provinziellen Sigmaringen und seinem Schloss wollte sie nicht, ja, konnte sie nicht leben. Im Gegensatz zu anderen deutschen Adelshäusern stand im Hause Hohenzollern-Sigmaringen eine Scheidung jedoch nie zur Diskussion.

Nach einigen Wochen in Kirn kehrte Amalie Zephyrine in ihr geliebtes Paris zurück. Dort traf sie auch wieder auf ihre Freundin Marie-Josèphe de Beauharnais. Der Wohnsitz der Familie Salm-Kyrburg dort, das Hotel de Salm, das Amalies Bruder Friedrich III. hatte bauen lassen, war in vorrevolutionärer Zeit ein Treffpunkt der adligen Oberschicht. Dort traf sich alles, was Rang und Namen hatte oder haben wollte. Die Fürstin von Hohenzollern-Sigmaringen und Alexandre de Beauharnais, ein enger Freund ihres Bruders Friedrich, kamen sich in dieser Zeit näher. Sie wurden zu einem Liebespaar, das die gegenseitige Zuneigung jedoch eher im Verborgenen lebte. Beauharnais und seine Frau, Amalie Zephyrines Freundin Marie-Josèphe

Er wurde Opfer der Französischen Revolution: Alexander de Beauharnais war Geliebter der Fürstin Amalie Zephyrine von Hohenzollern-Sigmaringen.

Amalie Zephyrine von Hohenzollern-Sigmaringen

de Beauharnais, hatten sich bereits zuvor im gegenseitigen Einvernehmen getrennt und später scheiden lassen. Amalie Zephyrine genoss vier Jahre lang ein unbeschwertes, glückliches Leben. Dann zog die Morgenröte der Französischen Revolution auf.

Obwohl sie Angehörige privilegierter Adelsfamilien waren, schlugen sich sowohl der Bruder der Fürstin als auch ihr Geliebter Alexandre de Beauharnais nach Ausbruch der Französischen Revolution auf die Seite des aufständischen Volkes. Im Juni 1791, als sich der französische König auf der Flucht befand, war Beauharnais sogar für einige Zeit Präsident der französischen Nationalversammlung. 1794 allerdings wurden Amalies ehemaliger Geliebter ebenso wie ihr Bruder Friedrich aufgrund einer falschen Anklage zum Tode verurteilt. Sie starben wenige Tage vor Ende der Terrorherrschaft unter der Guillotine. Die Fürstin von Hohenzollern-Sigmaringen selbst überlebte die Französische Revolution unbeschadet an Leib und Leben. Doch der gewaltsame Tod ihres geliebten Bruders ging ihr sehr nahe. Das geht aus ihrer Korrespondenz hervor.

Drei Jahre nach dem Tod des Geliebten und des Bruders kaufte sie mit Hilfe eines geheimen Vertrages den Friedhof Picpus, auf dem Friedrich und der Comte de Beauharnais in Massengräbern bestattet worden waren.

In dieser Zeit beauftragte sie auch den französischen Oberst Charles de Voumard mit der Erziehung ihres verwaisten achtjährigen Neffen Friedrich IV. von Salm-Kyrburg. Es gab Gerüchte, die besagten, dass die 1799 geborene Helene d'Isque die illegitime Tochter der Fürstin von Hohenzollern mit Charles de Voumard war. Neuere Forschungen scheinen diese Gerüchte zu bestätigen. Ab dem Jahr 1800 lebte Helene im Haushalt der Fürstin, bis zu ihrer Heirat im Jahr 1824 – offiziell als Hofdame betitelt.

In den Jahren nach der Revolution pflegte Amalie Zephyrine beste Kontakte zu einflussreichen Persönlichkeiten der Revolution wie Charles-Maurice de Talleyrand-Périgord und Marie-Josèphe, der Witwe ihres ehemaligen Geliebten. Die hatte 1796 Napoleon Bonaparte geheiratet und hieß fortan seinem Wunsch gemäß Joséphine. Vom Rastatter Kongress 1799 bis zur Aushandlung der Rheinbundakte 1806 nutzte Amalie ihre Beziehungen zum napoleonischen Hof. Mit dem Rheinbund zerschlug Napoleon endgültig das Heilige Römische Reich Deutscher Nation und begann es neu zu ordnen. Amalie Zephyrine setzte sich für das neu geschaffene Fürstentum Salm ein und vertrat als Vormund dessen designierten Fürsten, ihren minderjährigen Neffen Friedrich IV. zu Salm-Kyrburg. Auf Bitten des hohenzollerischen Hauses hin machte Amalie Zephyrine ihren Einfluss beim Kaiser erneut geltend, um die Souveränität des Fürstentums Hohenzollern-Sigmaringen und die Zukunft ihres Sohnes Karl zu sichern. Sie konnte die drohende Einverleibung von Hohenzollern-Sigmaringen und Hohenzollern-Hechingen durch Württemberg oder Baden abwenden, dem Schicksal eine andere Richtung geben.

Für ihre Bemühungen verlangte die Fürstin eine Gegenleistung: Sie wollte ihren Sohn Karl sehen und ihr Mann Anton Aloys hatte keine Möglichkeit, ihr diesen Wunsch zu verweigern. Im Sommer 1801 sah sie endlich ihren damals 16-jährigen Sohn erstmals wieder.

Egal wie man es drehte und wendete: Die Frau, die dem Hause Hohenzollern mit ihrer Flucht eine üble Schmach zugefügt hatte, hatte sich auch in den darauffolgenden Jahren intensiv für Hohenzollern eingesetzt und sich damit um das Fürstentum mehr als verdient gemacht. Ihr Ehemann Anton Aloys sah sich zu Dank verpflichtet. Amalie Zephyrine hatte schließlich vorgeschlagen, den mittlerwei-

le 20-jährigen Sohn Karl am Hofe Napoleons einzuführen, ins Zentrum der Weltmacht. Diesen Wunsch konnte man ihr nun nicht abschlagen.

Und so machte Karl die Bekanntschaft des Kaisers. Der Korse begann sogar recht schnell Heiratspläne für den Sohn der Fürstin zu schmieden. Der Feldherr war ein großer Taktiker: So konnte er die Herrschaft seiner Familie auch nach seinem Tod sichern. Er schlug eine Heirat von Karl mit seiner Nichte Antoinette Murat, der Tochter seiner jüngeren Schwester Caroline, vor und hatte auch noch gleich ein schlagkräftiges Argument parat: Die erst 13-Jährige würde Garant dafür sein, dass man sich im Hause Hohenzollern endgültig keine Sorgen mehr um den Fortbestand des kleinen Staates zu machen brauche. Schließlich würde Hohenzollern mit dieser Heirat für immer unter dem direkten Schutz des Kaisers von Frankreich stehen. Dem Fürsten von Hohenzollern-Sigmaringen

Nach ihrer Rückkehr nach Deutschland lebte Amalie Zephyrine in Inzigkofen. Das ehemalige Amtshaus des Klosters Inzigkofen wurde zum Schloss umgebaut. Dort fühlte sich die Fürstin wohl. Heute ist es in Privatbesitz.

Nach dem Tod von Amalie Zephyrine bekam der Blaufelsen, Teil des fürstlichen Parks in Inzigkofen, eine Inschrift zum Gedenken an die »Schicksalsfürstin«.

blieb gar keine Wahl als zuzustimmen. Dabei musste er große Befürchtungen hegen, dass es seinem Sohn genauso ergehen könnte wie ihm selbst vor vielen Jahren: dass die an den Glanz des Pariser Hoflebens gewöhnte junge Frau Sigmaringen ebenso ablehnen würde wie seine von ihm nach wie vor getrennt lebende Ehefrau Amalie Zephyrine.

Die Heirat fand am 4. Februar 1808 in Paris statt – ohne den Fürstenvater. Napoleon und Joséphine dagegen ließen es sich nicht nehmen, an dieser Feierlichkeit teilzunehmen.

23 Jahre nach ihrer Flucht aus Sigmaringen begleitete die 48-jährige Fürstin ihren Sohn Karl und dessen junge Frau ins einst so verhasste Fürstentum Hohenzollern. Unter dem Jubel der Sigmaringer Einwohner zog das junge Paar in die Residenz ein. Und mit ihm die »Schicksalsfürstin«.

Das Volk kam aus dem Staunen nicht mehr heraus. Der sonst so beliebte Anton Aloys weilte in Bayern, wich einer Begegnung mit seiner Frau aus. In der Bevölkerung wurde schnell getuschelt, dass sich das nicht gehöre. Schließlich hatte Amalie Zephyrine Hohenzollern gerettet. Doch eine Aussöhnung oder gar ein Zusammenleben war den so lang getrennten Eheleuten auch in der Folgezeit nicht mehr möglich. Amalie Zephyrine bezog das ehemalige Amthaus des Klosters Inzigkofen, das sich in direktem Sichtkontakt mit Schloss Sigmaringen befand.

Ganz im Gegensatz zu ihrem früheren glanzvollen Leben verbrachte die Fürstin ihre nächsten Jahre in Zurückgezogenheit. Einzig Besuche von Hortense, der Tochter ihrer Freundin Joséphine, zusammen mit ihrem Sohn Louis Napoleon, brachten die große weite Welt zur Fürstin.

Inzigkofen wuchs ihr nach ihrer Rückkehr aus Paris ans Herz, wurde zu ihrem Lieblingsaufenthaltsort. Sie wünschte sich einen Park an der Donau, der nach ihren persönlichen Vorstellungen auch schon bald angelegt wurde. Dort machte sie gerne Spaziergänge. Später und bis zu ihrem Tod lebte sie im heute so genannten Alten Prinzenpalast in Sigmaringen, den ihr Gemahl Anton Aloys in den Jahren 1822 bis 1825 eigens für sie hatte errichten lassen. Inzigkofen diente ihr und ihrem Enkel Erbprinz Karl Anton fortan als Sommerresidenz.

Den armen Bevölkerungsschichten von Sigmaringen und Inzigkofen war sie eine großzügige Wohltäterin. Die Dorfschule von Inzigkofen war von ihr wesentlich gefördert worden. Nach ihrem Tod im Jahr 1841 bekam der Blaufelsen als Teil des fürstlichen Parks eine Inschrift zum Gedenken an die Fürstin, die es ganz ohne Armee geschafft hatte, das Fürstentum Hohenzollern-Sigmaringen zu erhalten. Schnell wandelte sich der Name des Kalkfelsens von »Blaufelsen« in »Amalienfelsen«. Und Amalie Zephyrine bleibt bis heute als Schicksalsfürstin in Erinnerung.

Kunst trifft Camping

Die Künstlerin Fridel Dethleffs-Edelmann

Im Sommer sind sie zu Tausenden auf den Straßen Europas zu sehen. Doch die wenigsten Caravanbesitzer wissen, dass sie ihr mobiles Heim und die damit verbundene Urlaubsfreiheit einer außergewöhnlichen Künstlerin zu verdanken haben.

Bereits als Kunststudentin hatte Fridel Edelmann die Idee zu einem Wohnauto, ähnlich einem Zigeunerwagen. Darin sah sie die beste Möglichkeit, um im Freien ganz nah an ihren bevorzugten Motiven zu sein, und vor allem um ungestört von jeglicher Ablenkung malen zu können. Am 6. Oktober 1924 notierte sie in ihrem Tagebuch diese Idee. Fünf Jahre sollte es dauern, bis daraus Wirklichkeit wurde.

Für Arist Dethleffs lag es als Sohn eines Isnyer Skistockfabrikanten nahe, dem in jener Zeit noch jungen Wintersportvergnügen zu frönen. Dort, an einem der Allgäuer Berghänge, lernte er eine junge, selbstbewusste und weitgereiste Kunstmalerin aus dem Badischen kennen. Arist war fasziniert von der um beinahe zehn Jahre älteren Fridel Edelmann. Sie war eine emanzipierte und selbstbewusste Frau, die sich ihren Lebenstraum erfüllt hatte und als Landschaftsmalerin zu jenem Zeitpunkt bereits landesweit bekannt war – obwohl die professionelle Malerei damals nahezu reine Männersache war.

Gegenüberliegende Seite: Fridel Edelmann 1926 – eine moderne und selbstbewusste Frau. Sie hatte sich als Künstlerin zu diesem Zeitpunkt bereits selbst verwirklicht, war anerkannt und erhielt zahlreiche Aufträge.

Die Faszination und Liebe hielt bei Arist auch dann noch an, als sich sein Vater von einer Künstlerin als künftiger Schwiegertochter wenig begeistert zeigte. Doch väterliches Missfallen hin oder her: Arist Dethleffs und Fridel Edelmann verlobten sich.

Der junge Fabrikantensohn war viel für die väterliche Firma unterwegs. Und auch seine Verlobte hielt sich zu Studienzwecken öfter im Ausland auf. So sahen sie sich in der Anfangszeit ihrer Beziehung wenig; nach Fridels Meinung zu wenig. Sie erzählte Arist von ihrer Idee mit dem Wohnauto: Gäbe es ein solches fahrbares Heim, das gleichzeitig ihr Ate-

Die Künstlerin Fridel Dethleffs-Edelmann

lier wäre, dann könnte sie ihn auf seinen Geschäftsreisen begleiten.

Kurz nach ihrer Hochzeit 1931 war der erste Wohnwagen fertig. Es war ein Einachser mit einer zur Schlafkoje umbaubaren Sitzecke und einer kleinen Küche. Arist Dethleffs entwarf damals bereits schon ein Hubdach in der Mitte des Wagens. Das hatte gleich zwei Vorteile: eine bessere Aerodynamik während der Fahrt und bei aufgestelltem Dach mehr Platz und Licht für die malende Fridel. Arist dachte an alles, weil er wusste, dass seine Frau in ihrer Malerei aufging. Sie war gleichsam beseelt davon, weil sie hart für die Möglichkeit gekämpft hatte, ein Leben als Künstlerin zu führen und damit auch Geld verdienen zu können. Das mobile Heim bot zwar nur ein einfaches Leben, doch es schenkte der ruhelosen Künstlerin große Freiheit. Sie saß nicht in der neuen Allgäuer Heimat fest, sondern war nun zusammen mit ihrem Mann häufig mit dem Wohnauto unterwegs. Das Gefährt indessen gefiel nicht nur ihr, sondern ließ eine Nachfrage entstehen. Aus der Werkstatt, in der das erste Exemplar entstanden war, wuchs schnell die erste deutsche Campingwagenfabrik.

Fridel Edelmann wurde am 30. November 1899 in Hagsfeld bei Karlsruhe geboren. Schon früh zeigte sich, dass sie einen eigenen Kopf hatte. Als eines Tages Zigeuner im Dorf gastierten, war das Mädchen derart fasziniert von dem fahrenden Volk und ihren Zigeunerwagen, dass sie von daheim ausriss. Weit kam sie allerdings nicht. Im übernächsten Dorf wurde sie von der Polizei aufgegriffen und zu den Eltern zurückgebracht. Im Internat hielt man das Mädchen im Zeichenunterricht zunächst für derart unbegabt, dass man sie

Gegenüberliegende Seite: Die Werke von Fridel Dethleffs-Edelmann wurden und werden gerühmt als wichtige Marksteine der neuen Sachlichkeit. Sie strebte nach Exaktheit und Naturtreue. Auch das Gemälde »Geranie auf der Fensterbank« von 1926 verdeutlicht dies.

von diesen Stunden freistellte. Es musste erst eine neue Lehrerin kommen, die der Meinung war, dass jedes Kind malen könne. Von da an war Fridel gepackt. Sie wollte unbedingt Malerin werden. Dieser Berufswunsch war den Eltern, die als Gastwirte den Lebensunterhalt der Familie verdienten, zwar nicht der Naheliegendste für ein Mädchen. Überraschenderweise standen sie jedoch hinter Fridel und unterstützten sie – obwohl Maler in der bürgerlichen Gesellschaft zu jener Zeit als Herumtreiber, fast als Zigeuner galten.

Ihre künstlerische Laufbahn begann sie zunächst als Privatschülerin und besuchte dann von 1916 bis 1918 in Karlsruhe die Großherzogliche Malerinnenschule. Das war eine Akademie für Damen, in der darauf geachtet wurde, dass die Schülerinnen durch die Kunst nicht in ihrer Moral gefährdet würden. Es wurde sogar Aktzeichnen unterrichtet, allerdings trugen die Modelle lange, gestreifte Trikothosen. Nach dem Ersten Weltkrieg und dem Umsturz von 1918 wurde das großherzogliche Haus entmachtet, die Malerinnenakademie aufgelöst. Das schien zunächst das Ende der Kunstausbildung für Fridel. Doch sie erkämpfte sich als eine der ersten Frauen einen Studienplatz an der neuen Staatlichen Kunstakademie bei Professor Ernst Würtenberger und wurde dessen Meisterschülerin. Aufenthalte in Paris und Florenz ergänzten ihre Ausbildung. Man trug ihr sogar einen Lehrstuhl an der Akademie an, den sie jedoch ausschlug. Stattdessen heiratete sie 1931 den Isnyer Fabrikantensohn Arist Dethleffs.

Ihre Werke wurden und werden gerühmt als wichtige Marksteine der Neuen Sachlichkeit. Es sind in erster Linie sachliche und doch atmosphärisch dichte Motive. Neben Landschaften malte Fridel Edelmann auch Bilder, die, wie mit einem Makro-Objektiv fotografiert, Details von Pflanzen oder Gestein zeigen. Sie strebte nach Exaktheit und

größtmöglicher Naturtreue. Auch hegte sie großes Interesse an den Maltechniken alter Meister. Darin folgte die Künstlerin sowohl dem Vorbild ihres Lehrers Würtenberger als auch allgemeinen Tendenzen der Kunst in Karlsruhe. In den Jahren nach dem Ersten Weltkrieg entwickelte sich dort, neben Berlin und München, ein bedeutendes, überregional ausstrahlendes Zentrum der Neuen Sachlichkeit – jener Kunstströmung, die sich nach dem Expressionismus einer präzisen Wiedergabe der sichtbaren Welt zuwandte.

Fridel mit Arist und Ursula vor ihrem ersten Wohnauto mit Hubdach und Sonnensegel. Fridel genoss die Freiheit, die das fahrbare Zuhause und Atelier bot. Das Gefährt erregte Aufmerksamkeit, bald wurde es nachgefragt. Aus der Werkstatt, in der das erste Exemplar entstanden war, wuchs schnell die erste Wohnwagenfabrik Deutschlands.

Die Künstlerin erhielt zahlreiche Aufträge und nahm an bedeutenden Ausstellungen teil. Etliche Werke von Fridel Dethleffs-Edelmann wurden prämiert und von renommierten öffentlichen Sammlungen erworben. Ihr Kampf für die Frau als Künstlerin schien sich gelohnt zu haben.

Doch auf dem Höhepunkt von Fridels Karriere kamen die Nationalsozialisten an die Macht. Ihr Malstil schien in die

Vorstellungen der Nazis von »Deutscher Kunst« genau hin-
einzupassen. Fridel genoss zunächst die Anerkennung, um
die sie so hart gekämpft hatte. Zu spät erkannte sie den Fehler,
dass sie als Aushängeschild benutzt und ihr damit ein Stempel

aufgedrückt worden war. Ihr ging es stets nur um ihre Malerei und den ihr eigenen Stil, nicht aber um die Wiedergabe von Ideologien.

Nach 1945 wurde sie wegen ihrer scheinbar linientreuen Malerei dieser Jahre heftig angefeindet. Trotz der Widerstände malte sie weiter, blieb sich und der eigenen Kunst treu und förderte auch andere Künstler. Sie wandte sich nun einer veränderten Bildsprache zu, die zwischen Gegenständlichkeit und Abstraktion angesiedelt war. Ihr Themenrepertoire änderte sich aber nicht grundlegend. Weiterhin dominierten Landschaften und Blumenstücke. Gemeinsam mit ihrem Mann gründete sie 1947 die »Oberschwäbische Sezession«, die 1950 zur »Sezession Oberschwaben-Bodensee« erweitert wurde. Ihr gehörten so bekannte Künstler wie Max Ackermann, Otto Dix und HAP Grieshaber an. In der Isnyer Campingwagen-Fabrik wurden Bilderrahmen für die Bilder hergestellt, Arist Dethleffs fuhr die Kunstwerke mit seinem Holzvergaser-Mobil von Ausstellungsort zu Ausstellungsort.

Neben der eigenen Kunst war für Fridel Dethleffs-Edelmann die künstlerische Erziehung ihrer Tochter immens wichtig. In allen Ländern, die mit dem Wohnwagen erreichbar waren, besuchten Fridel und Arist mit Ursula Kunstausstellungen. Über Fridels Künstlerfreunde wurde das Mädchen in die Welt von Max Ackermann, Otto Dix, HAP Grieshaber, Sepp Mahler, Melchior Setz und vielen anderen eingeführt. Oft wurde sie eingeladen in die Ateliers der Freunde und lernte dort schnell. Bald beherrschte die Tochter mehr Kunsttechniken als die Mutter.

Mut und Durchhaltevermögen zeichnete Fridel Dethleffs-Edelmann auch im Seniorenalter aus. So brach die ganze Fa-

Gegenüberliegende Seite: Das Selbstbildnis in der Malerkutte, ein Ölbild von 1932, befindet sich heute in der Bayrischen Staatsgemäldesammlung in München und gehört zu den bedeutendsten Künstlerportraits der 20er und 30er Jahre.

Heuernte bei Isny aus dem Jahr 1944. Landschaften und Blumen dominierten lange das Repertoire von Fridel Dethleffs-Edelmann. Erst nach 1945 wandte sie sich einer veränderten Bildsprache zu.

milie Ende der Sechzigerjahre mit einem neu entworfenen Dethleffs-Wohnwagen in den Osten auf. Tochter Ursula, mittlerweile selbst anerkannte Künstlerin, begleitete ihre Eltern. Die Wohnwagen-Testfahrt ging durch die kommunistische UDSSR bis nach Georgien. In ihren dort entstandenen Gemälden fand Fridel Dethleffs-Edelmann eine neue Brücke zwischen ihrem Karlsruher Stil und der Moderne.

Wenige Jahre später erkrankte sie an einem Gehirntumor. Doch ließ sie sich nicht unterkriegen: Das Malen machte ihr zwar Schwierigkeiten, doch sie fand mit Collagen eine neue Möglichkeit sich auszudrücken. Bis zu ihrem Lebensende war ihre Liebe für und das Interesse an Kunst ungebrochen.

Die Künstlerin starb am 24. September 1982 im Alter von 83 Jahren in Isny.

Schreibend das Leben ergreifen

Die Lehrerin und Schriftstellerin Maria Müller-Gögler

D ie tiefen, mächtigen Klänge der Orgel brausen heran und die 12-jährige Maria schließt die Augen. Sie hat das Gefühl, von den Wellen aus Franz Liszts Stück »Marchant sur les flots« ebenso emporgehoben zu werden wie der heilige Franz von Paola auf den Meereswogen. Im Frühling, der auf dieses eindrückliche Erlebnis folgt, schreibt Maria Gögler ihr erstes Gedicht. Die himmlischen Orgeltöne, die die Basilika in Weingarten füllten, klingen sogar Jahre später noch in ihr nach: Im Alter von 26 Jahren schreibt sie in ihrem ersten Roman »Die Magd Juditha« über die Basilika und den Orgelbauer Joseph Gabler, der ebenjene Magd heiratet.

Oft war Maria in der Basilika in Weingarten. Irgendwann war ihr aufgefallen, dass die Frauenfiguren,

Maria Gögler um 1925. Ein Beichtvater habe Angst um ihr Seelenheil gehabt: »Sie haben den Hunger nach der Welt in den Augen, Maria.«

In der Basilika von Weingarten fühlte sich Maria Gögler schon früh fast wie zuhause.

die Cosmas Damian Asam zwischen 1718 und 1720 in den Deckenfresken verewigte, alle ähnliche Gesichtszüge tragen. So strickte sie um den Künstler Asam und den Orgelbauer Josef Gabler, von dem die Orgel in der Basilika in Weingarten gebaut wurde, die erfundene Geschichte der Magd Juditha, die sie Asams Modell werden ließ.

Als Älteste von drei Mädchen wurde Maria Gögler am 28. Mai 1900 in Leutkirch geboren. Ihr Vater Adolf Gögler war Finanzbeamter, die Mutter Melanie eine begabte Pianistin, die in Ravensburg aufgewachsen war.

Als Maria sechs Jahre alt war, starb die Mutter an Tuberkulose. In der Zeit, bis der Vater seine zweite Frau Hedwig heiratete, entwickelte sich das Mädchen immer mehr zum Wildfang. Auf Anraten des Lehrers wollte der Vater das aufgeweckte Mädchen gerne aufs Gymnasium nach Ravensburg schicken. Doch Maria wollte nicht in die »Bubenschule«.

»So blieb nur das Klösterle übrig, eine von Schulschwestern geleitete Höhere Töchterschule. Den Nonnen machte mein Temperament viel zu schaffen, ich galt als unaufmerksam und unartig«, schrieb Maria Gögler gut 60 Jahre später im ersten Band ihrer Lebenserinnerungen.

Mit dem Internat der Schulschwestern in Ravensburg war ein privates Lehrerinnenseminar verbunden. Der Superior redete Marias Vater bald ein, dass sie »zur Lehrerin geradezu berufen sei«. Mit diesem Vorschlag sah sich der Vater einer Sorge enthoben, denn je älter Maria wurde, desto weniger ließ sie sich von der Stiefmutter führen.

»Man beschloss also, dass ich Lehrerin werden sollte, ohne mich zu fragen, und ich wehrte mich nicht. Hätte man mich gefragt, was ich werden wolle, hätte ich keine andere Antwort gewusst als: Dichterin.«

Heimlich schrieb der Zögling des klösterlichen Lehrerinnenseminars weiter Gedichte und Tagebuch, abgeschieden von der realen Welt des Ersten Weltkrieges. Fünf Jahre lang kämpfte Maria Gögler mit den strengen Regeln und den wenig einleuchtenden Erklärungen der Nonnen auf die vielen Fragen, die die intelligente und neugierige Jugendliche mit sich herumtrug.

Ein Beichtvater, so schreibt die Autorin in ihren Lebenserinnerungen, habe Angst um ihr Seelenheil gehabt: »Sie haben den Hunger nach der Welt in den Augen, Maria.«

Nach der mit exzellenten Noten bestandenen ersten Dienstprüfung zur Lehrerin winkte das Leben außerhalb der Klostermauern. Beim Abschied aus dem Lehrerinnenseminar, so Gögler später, habe die Mutter Superior gesagt: »Ach, Gögi. Wir konnten Sie ein wenig zügeln. Aber wir haben Sie nicht gezähmt.«

Die erste Stelle als sogenannte Unterlehrerin trat Maria Gögler 1919 in Steinhausen unweit von Schussenried an. Das Unterrichten bereitete ihr Freude. Die Kinder und Eltern hatten ihrerseits Gefallen an der noch mädchenhaften Lehrerin und ihren Idealen.

Gegenüberliegende Seite: 1737 bis etwa 1750 baute Josef Gabler die Orgel für die Basilika in Weingarten. Er spielt eine Rolle in Maria Göglers erstem Roman.

Doch das Leben wollte es anders. Ein männlicher Kollege, heimgekehrt aus dem Krieg, bekam die Stelle, weswegen Maria Gögler, wie viele andere Kolleginnen damals, aus dem Schuldienst entlassen wurde. Die 19-Jährige musste arbeitslos ins Elternhaus nach Weingarten zurückkehren.

Dort hatte kurz zuvor der katholische Frauenbund eine Jugendgruppe gegründet. Mit einem Theaterstück sollten sich die jungen Leute der Öffentlichkeit vorstellen. Kaplan Sander, der geistliche Berater des Vereins, wusste als Beichtvater und Mentor von den schriftstellerischen Fähigkeiten der jungen Lehrerin. Ein Drama mit dem Titel »Die Sternenjungfrau« lag bereits aus Pensionats-Zeiten fertig in Marias Schublade. Es wurde aufgeführt und erntete begeisterten Applaus und eine nicht minder euphorische Besprechung in der Tageszeitung.

Die Arbeitsmarktlage für Lehrerinnen besserte sich wieder und Maria Gögler wurde erneut eingestellt, ab 1920 in Munderkingen als Unterlehrerin. Wenngleich sich wie auch schon in Steinhausen Kinder, Eltern und etliche andere Bürger um das Wohl der jungen Lehrerin kümmerten, konnte das nicht immer die damals ungerechten Zustände im Berufsalltag mildern: Die Lehrerinnen litten unter schlechten Unterkünften und einem Hungerlohn. Dazu kam meist ein Schulrat, der strengstens darauf bedacht war, dass sich kaum außerberufliche Aktivitäten ergeben konnten, wie etwa das Schreiben von Theaterstücken oder eine Fortbildung in Form von Lateinstunden. Übrigens ebenso wenig, wie das Anbandeln mit Männern gestattet war. Für Lehrerinnen galt damals noch der Zölibat. Wollten sie heiraten, verloren sie meist ihre Arbeit.

In den vier Jahren in Munderkingen war in der jungen Lehrerin der Wunsch gewachsen, weiter zu kommen als nur bis zum Stand einer Unterlehrerin. Doch vorerst wurde sie zweimal kurz hintereinander versetzt. Zunächst nach Laupheim, dann nach Rottweil – jeweils als kurzfristige Krankheitsvertretung. In Rottweil hatte sie das Glück, eine frühere Klösterle-Schulkameradin zu treffen, die mittlerweile mit einem Studienassessor verheiratet war. Die

WILPHILDIS HEN-
RICI UXOR, FILIA
MAGINONIS SAXO-
NIÆ DUCIS.

SOPHIA FILIA HEN-
RICI PRIMO BERCH-
TOLDO ZÄRINGEN-
SI DUCI DEIN LEO-
POLDO STYRIÆ MAR
CHIO: NUPTA HIC
SEPULTA

beiden boten ihr ein Zimmer an statt einer Unterkunft im
Rottenmünster, einer von Nonnen geführten Irrenanstalt.
Der Mann der früheren Schulfreundin half Maria Gögler
bei den Vorbereitungen zum zweiten Dienstexamen. Er for-
derte sie auch dazu auf zu studieren, weil er ihren Wissens-
durst erkannte.

Ab 1924 studierte Maria Gögler Germanistik, Pädagogik
und Philosophie zunächst in München, dann in Tübingen.

Obwohl sie schon vorher kräftig gespart hatte, war sie, wie die meisten Studenten in den Inflationsjahren, bitterarm. Sie suchte nach Möglichkeiten, neben dem Studium Geld zu verdienen. Sie schrieb Feuilletonartikel für den »Oberschwäbischen Anzeiger« und ein Verlag für Laienbühnen kaufte ihr das Theaterstück »Sternenjungfrau« ab. Parallel zur Doktorarbeit, die sie in Tübingen im Jahr 1930 abschloss, schrieb sie schließlich ihren ersten Roman, »Die Magd Juditha«.

Am Lehrerinnenseminar in Schwäbisch Gmünd lernte sie ihren Mann Paul kennen, mit dem sie sich heimlich verlobte. Den Kollegen blieb es nicht verborgen, doch sie verrieten Maria Gögler nicht.

Nach dem damaligen Beamtengesetz konnten Inhaberinnen ständiger, planmäßiger Stellen nicht entlassen werden, wenn sie heirateten. Maria Gögler dachte sich eine Möglichkeit aus, um die Behörde zu überlisten. Das Amtsblatt hatte eine planmäßige Stelle an der Volksschule in Laupheim ausgeschrieben. Ohne Angaben von Gründen bewarb sie sich auf die Stelle. Eigentlich hatte sie eine Laufbahn als Studienrätin am Lehrerinnenseminar vor sich, so dass ihre Bewerbung, die dies ja zugleich ausschloss, Fragen beim Oberschulamt aufkommen ließ. Die Schriftstellerin gab an, dass sie es aus sozialen Gründen tun wolle. »War eine Ehegründung etwa kein sozialer Grund?«, betont sie in ihren Lebenserinnerungen schon fast schelmisch. Dass aus Maria Gögler eine Maria Müller-Gögler werden konnte, ohne dass man sie entlassen durfte, war nun unabänderlich. Sie war im Anschluss daran die einzige im Schuldienst stehende Ehefrau im Land und kurze Zeit später auch die

Gegenüberliegende Seite: Cosmas Damian Asam malte zwischen 1718 und 1720 die Fresken in der Basilika. Maria Gögler war eines Tages aufgefallen, dass die Frauen alle ähnliche Gesichtszüge trugen. So erfand sie eine Figur, die sie in ihrem ersten Roman »Die Magd Juditha« Asams Modell für die verschiedenen Gemälde werden ließ.

einzige werdende Mutter im Schuldienst. 1931 kam Sohn Paul auf die Welt, ein Jahr später Tochter Gisela.

Die Journalistin Jella Lepman veröffentliche Maria Göglers erste beide Romane, »Die Magd Juditha« und »Beatrix von Schwaben«, beim liberalen Stuttgarter Tagblatt. Die jüdische Förderin emigrierte jedoch bald. Die Autorin scheiterte danach bei dem Versuch, die beiden Vorabdrucke der Romane bei Stuttgarter Verlagen unterzubringen. Ein erster kleiner Erfolg stellte sich erst nach dem Zweiten Weltkrieg und dann auch nur zögerlich ein. Für die überregionalen Verlage in der Landeshauptstadt Stuttgart schien die aus der oberschwäbischen und dazu katholischen Provinz stammende Jungautorin suspekt, mutmaßte Winfried Wild in einem Begleitband zur Werkausgabe, die zum 80. Geburtstag der Autorin erschien.

Und wenngleich sie bis zu ihrem Lebensende eine im katholischen Glauben verankerte Christin war, so wurde sie doch wegen ihrer zu eigenständigen und wenig linientreuen Denkweise von der Kirche nie sonderlich unterstützt. Doch die Lehrerin schrieb weiter. »Niemals hörte ich auf, aus der Wirklichkeit in eine selbst erschaffene Welt zu fliehen, in eine Welt meiner Gedichte und Geschichten. Jetzt, im Alter, sehe ich ein, dass ich die Wirklichkeit sonst nicht ertragen hätte. Ich musste sie ständig für mich verwandeln, sehr heimlich, in aller Stille, so dass niemand merkte, mit welcher Zauberei ich mich stark machte für das, was mir die Wirklichkeit auferlegte«, bekannte sie in ihren in den Siebzigerjahren erschienenen Lebenserinnerungen.

Über die Berufsstationen Schwäbisch Gmünd, Laupheim und Crailsheim kam sie 1938 zusammen mit ihrer Familie nach Ulm, wo sie am Kepler-Gymnasium unterrichtete. Dort besuchte sie in den letzten Kriegsjahren ein ehemaliger Lehrerkollege. Er hatte ein Gedicht von ihr in einem

Jahrbuch gelesen und fragte, ob sie noch mehr davon habe. Die schreibende Lehrerin zog eine Schublade auf und der Kollege nahm einen ganzen Packen mit. Er begeisterte sich an den Versen und schrieb davon seinem Freund Hermann Hesse. Doch das Kriegsende ließ allen wenige Möglichkeiten, sich um mehr als ums Überleben zu kümmern. Nachdem 1944 Ulm nahezu zerstört worden war, zog die Familie nach Leutkirch, die Heimatstadt der Autorin. Nach dem Krieg arbeitete ein früherer Schüler des Arbeitskollegen, der den Stoß Gedichte damals aus Ulm mitgenommen hatte, als Praktikant im Aegis Verlag in Ulm: Siegfried Unseld. Diesen machte der Kollege mit den Gedichten von Maria Müller-Gögler bekannt. Der so entstandene Gedichtband wurde 1947 sozusagen das Gesellenstück des späteren Suhrkamp-Verlegers Unseld. Maria Müller-Gögler war dann höchst erstaunt, als nach

Ab 1924 studierte Maria Gögler Germanistik, Pädagogik und Philosophie – zunächst in München, dann in Tübingen (Luftbild um 1938). Um neben dem Studium Geld zu verdienen, schrieb sie Feuilletonartikel. Ein Verlag kaufte ihr zudem das Theaterstück »Sternenjungfrau« ab.

Erscheinen des Gedichtbandes Hermann Hesse ihr Gedicht »Die Geige« in seine Anthologie »Geliebte Verse« aufnahm. Aus ihrem Dankesbrief entstand ein freundschaftlicher Briefwechsel zwischen der oberschwäbischen Schriftstellerin und der weitgereisten literarischen Größe Hesse.

In allen Romanen von Maria Müller-Gögler setzen sich Frauen gegen vielfältige Widerstände zur Wehr, um zu sich selbst zu finden. Die Grenzen, die ihnen Umwelt und Erziehung aufzwingen wollen, akzeptieren die Heldinnen nicht fraglos. Die Autorin moralisiert nicht, sie gibt Denkanstöße, die eigenen Vorprägungen und Sichtweisen zu überdenken. Auch Sexualität ist für Maria Müller-Gögler etwas, das zum menschlichen Dasein gehört. Daher schreibt sie auch darüber ganz selbstverständlich. So sorgte sie 1963 mit Erscheinen ihres Romans »Täubchen, ihr Täubchen …!« für einen Skandal. Er handelt von der allzu großen Liebe eines Lehrers zu seinen Schülerinnen. Der damalige Ravensburger Oberbürgermeister ließ das Buch aus der Stadtbücherei entfernen, etliche Lehrer fühlten sich in ungerechtfertigter Weise angeklagt.

Lange erschien Maria Müller-Göglers Werk in verschiedenen Verlagen. In den Siebzigerjahren setzte sich Martin Walser zusammen mit der Literaturstiftung Oberschwaben für die Kollegin ein. Eine Werkausgabe erschien zu ihrem 80. Geburtstag. Auch die Stadt Weingarten entsann sich der Mitbürgerin. 1978 erhielt sie den Kunstpreis der Städte Ravensburg und Weingarten, zwei Jahre später dann das Bundesverdienstkreuz. Spät und bescheiden setzte damit eine Würdigung ihres Könnens ein.

Maria Müller-Gögler war bis ins hohe Alter voller Schaffenskraft. 1987 schrieb sie ihren letzten Roman, »Sieben Schwerter«. Am 23. September starb sie kurz nach dessen Vollendung.

Zwischen Kunst und Glauben

Die Künstlerin und Klosterfrau Berta Hummel

Am Schwarzen Brett der Staatsschule für angewandte Kunst traf Berta Hummel an einem Septembertag 1928 erstmals auf die Franziskanerin M. Kostka Hartmann.

Die Ordensfrau aus dem Kloster Sießen bei Saulgau war von der Klosterleitung zur

Berta Hummel besaß von klein auf ein außergewöhnliches künstlerisches Talent. Die Aufnahme zeigt sie vor ihrem ersten Ölbild 1926.

Weiterbildung ihrer künstlerischen Ausbildung nach München geschickt worden. Da stand sie nun vor dem Veranstaltungsplan und kannte sich nicht aus. Die aufgeschlossene Berta Hummel, Obmännin der Kunstklasse von Professor Maximilian Dasio, verabredete sich mit ihr am Münchner Ostbahnhof. Gemeinsam fuhren sie zu einer Exkursion ins Umland. Als dann im November eine Mitschwester der Sießener Klosterfrau ebenfalls zur Weiterbildung eintraf, entwickelte sich schnell eine enge Freundschaft zwischen der lebenslustigen und begabten Kunststudentin und den beiden Ordensfrauen. Die Freundschaft vertiefte sich noch, als Berta etwa ein halbes Jahr später von ihrem teuren und ungeliebten Studentenzimmer ebenfalls ins Maria-Theresien-Wohnheim der Schwestern der Heiligen Familie in der Blumenstraße zog. Endlich war sie wieder in einer richtigen Gemeinschaft, in der sie sich ebenso zu Hause fühlen konnte wie im katholischen Elternhaus im oberbayrischen Massing im Kreis ihrer fünf Geschwister. Nach Hause schrieb sie: »War eben in der Pension u. besichtigte das Zimmer. Es ist klein, aber hell u. nett.« Sie bittet die Mutter um Schuhputzzeug, weil die Bewohnerinnen dort nicht nur das Zimmer selbst machen, sondern auch Schuhe putzen müssen.

Berta Hummel fühlte sich in jener Zeit rundum wohl. An ihrer Ausbildungsstätte war sie unter ihren Mitschülerinnen äußerst beliebt und erfolgreich. Ihre Arbeiten fanden bei ihren Professoren großen Beifall. Die junge Frau ließ künstlerisches Selbstbewusstsein erkennen, hatte eine eigene Handschrift. Sie genoss das breite kulturelle Angebot Münchens und fühlte sich andererseits bei den beiden etwas älteren Ordensfrauen verstanden in ihrem Bedürfnis nach den traditionellen spirituellen Werten ihrer Herkunft.

Eines Tages teilte die temperamentvolle Frau den beiden Freundinnen mit, dass sie sich mit dem Gedanken trage,

ebenfalls Ordensschwester zu werden. Die beiden bemühten sich darum, ihr den richtigen Einblick zu gewähren. Sie wollten ihr keine Idealvorstellung, sondern den Alltag im klösterlichen Leben näherbringen. »Wir sagten ihr auch ganz klar, dass sie zu jeder Arbeit bereit sein müsse, dass es

So sah die junge Berta Hummel ihren Heimatort Massing.

1931 trat Berta Hummel ins Kloster Sießen ein und wurde zu Schwester Maria Innocentia.

ungewiss sei, ob sie einen künstlerischen Beruf ausüben dürfe«, erinnerte sich Schwester Kostka später.

Im Frühling 1930 stellte sich Berta im Kloster Sießen vor. In ihrem letzten Jahr an der Hochschule hatte sie sich mit dem Gedanken an die klösterliche Paramentenherstellung eigens mit Textilkunst auseinandergesetzt.

Die Staatsprüfung bestand sie am 15. März 1931 als weitaus Beste ihrer Klasse. Der Entschluss der Einser-Absolventin, ins Kloster zu gehen, löste an der Kunsthochschule Unverständnis und Bestürzung aus. Ihre Professorin Else Brauneis weinte gar und bat sie, zeitlebens in Kontakt zu bleiben. »… aber künstlerisch dürfen Sie niemals einbüßen, ich will Ihnen immer helfen, sagte sie …«, schrieb Berta ihren Eltern von ihrem Abschied von München.

Die Künstlerin und Klosterfrau Berta Hummel

Auch die Mutter machte sich Sorgen, ob denn das Klosterleben das Richtige sei: »Das frische, frohe Mädl sprudelte manchmal voll Lebenslust und Fröhlichkeit. Ich fragte mich oft: Wird sie sich doch nicht hinter den Klostermauern zu eng fühlen.«

Doch dem ehemaligen »Lausmädel« war klar, dass sie ihr Talent im Kloster Sießen vollkommen unterordnen musste. Bereits während ihrer wachsenden künstlerischen Selbstentfaltung an der Kunsthochschule hatte sie eine Sehnsucht verspürt. Kunst wollte sie nicht zum Selbstzweck schaffen, sie wollte sich damit in den Dienst einer höheren Aufgabe stellen.

Am 22. April 1931 trat sie ins Kloster Sießen unweit von Saulgau ein. Aus Berta Hummel wurde mit ihrer Einkleidung Schwester Maria Innocentia.

Als dritte Tochter war Berta am 21. Mai 1909 im niederbayerischen Massing geboren worden. Der Vater war Kaufmann und betrieb ein »Landwarenkaufhaus«. Lieber wäre Adolf Hummel jedoch Bildhauer geworden. Schon früh erkannte und förderte er die künstlerische Begabung seiner quirligen Tochter. Mutter Viktoria beschrieb sie folgendermaßen: »Sie war ein liebes, blondlockiges, schönes Kind, äußerst lebhaft. Am liebsten malte sie … Ein paar hübsche Blumen, ein nettes Kindergesicht, eine schöne Abendstimmung, ein herbstlicher Wald, das alles konnte sie in helle Entzückung bringen, und sie stand lange und schaute, schaute …«

Nach der strengen Volksschule in Massing bei den Schulschwestern, die nach Ansicht der Mutter das Kind zuerst nicht verstanden, durfte Berta am Institut Marienhöhe in Simbach am Inn, einer höheren Mädchenschule der Englischen Fräulein, ihr Talent ausleben. Vater Adolf beobachtete voller Stolz die Entwicklung seiner Tochter. Zeichenlehrerin wollte sie werden. Und so ermöglichten die Eltern ihrer begabten Tochter das Studium an der Staatsschule für angewandte Kunst in München. Keine Selbstverständlichkeit für ein Mädchen damals, kurz vor Ausbruch des Zweiten Weltkrieges.

Die Studienjahre in München gelten als ihre kreativsten und wohl auch glücklichsten. Professor Maximilian Dasio und Professorin Else Braunels setzten als ihre Lehrer große Hoffnungen in sie. Mehr als 400 Arbeiten sind aus dieser Zeit erhalten. Es sind Naturstudien, Porträts, Karikaturen, Bilder in Aquarell und Öl, Holzschnitte und Arbeiten in Textil, auch Selbstporträts. Einiges tendierte in den expressionistischen Stil.

Der Eintritt ins Kloster war ein großer Einschnitt in Berta Hummels, nun Maria Innocentias Kunstschaffen: Hier arbeitete sie in der klostereigenen Paramentenherstellung, entwarf unter anderem Prozessionsfahnen und Priestergewänder. Daneben wurde sie auch in einer vom Kloster betreuten katholischen Schule im nahen Saulgau als Zeichenlehrerin eingesetzt. Sie war in Kinder vernarrt und freute sich an diesem Unterricht. Als Ordensfrau war es ihr verboten, ein Kind zu berühren. Also drückte sie ihre Zuneigung mit selbst hergestellten Fleißbildchen aus.

Mit Zustimmung der Mutter Oberin wurden diese Kindermotive als Postkarten gedruckt. Sie erschienen in verschiedenen Verlagen. Allein 70 000 Karten des »Nachtwächterleins« wurden gedruckt. Schwester Maria Innocentias Werke wurden mit den Motiven »Gänseliesl«, »Kükenmütterchen«, »Geigerlein«, »Geborgen« oder »Wanderbub« in der Bevölkerung immer populärer.

Erste Ausstellungen und Buchveröffentlichungen waren überaus erfolgreich. Die Porträts der niedlichen, rundlichen und strubbeligen Kinder wollten allerdings so gar nicht in das idealisierte Menschenbild des Nationalsozialismus passen. Die Künstlerin aus dem Kloster wurde von der nationalso-

zialistischen Kunstkritik vehement beschimpft und kritisiert.

In der oberfränkischen Porzellanmanufaktur Goebel verfolgte man 1934 dennoch die Idee, die Bilder der Sießener Klosterfrau zu **Mit den Porzellanfiguren wurde die Klosterfrau weltberühmt.** Porzellanplastiken zu machen. Die klösterliche Künstlerin reagierte auf die Anfrage zunächst skeptisch. Nach einem Treffen mit ihr und der Klosterleitung erhielt Franz Goebel dann aber doch die Lizenz, Maria Innocentia Hummels Zeichnungen in Figuren umzusetzen. 1935 wurden die ersten farbig glasierten Feinkeramik-Plastiken vorgestellt. Auf der Leipziger Frühjahrsmesse 1935 waren die Hummel-Figuren der Renner. Sie gingen zu Tausenden in die USA. Gegen die Devisen hatte die NS-Obrigkeit trotz aller Kritik wiederum nichts einzuwenden.

Viele, viele verschiedene Figuren entstanden im Laufe der Jahre. Bis heute wurden mehr als 20 Millionen Stück produziert und in alle Welt verkauft. Sogar die ehemalige amerikanische First Lady Betty Ford besaß eine ansehnliche Sammlung von Hummel-Figuren.

Von 1940 an waren die Hummel-Bildchen und die Figuren die einzige Verdienstquelle des Klosters mit seinen 240 Schwestern. Die Nationalsozialisten hatten den gesamten Klosterkomplex samt Landwirtschaft beschlagnahmt und dort ein Lager für Auslandsdeutsche aus der Bukowina eingerichtet. Die meisten Ordensfrauen mussten andernorts unterkommen. Nur wenige Schwestern durften in einem kleinen Teil des Südflügels bleiben.

Maria Innocentia Hummel verbrachte einige Zeit bei ihrer Familie. Nach rund sechs Wochen konnte sie in den Konvent zurückkehren. Dort nahm sie ihre zeichnerische Arbeit in ihrem Atelier wieder auf. Die Nachfrage nach der heilen Kinderwelt, die ihre Bilder vermittelten, ließ auch in dieser schwierigen Zeit nicht nach. Doch die Lage wurde während des Krieges immer dramatischer: Überbelegung, Hunger, schlimme hygienische Zustände. Sogar die Papierzuteilung für ihre Bilder-Produktion wurde eingestellt.

Mit 35 Jahren erkrankte Maria Innocentia Hummel an einer Tuberkulose mit Rippenfellentzündung. Ein knappes halbes Jahr verbrachte sie 1944 im Sanatorium Wilhelmsstift in Wangen im Allgäu. Kurz vor Ende des Kriegs kehrte sie nach einer leichten Besserung auf eigenen Wunsch wieder nach Sießen zurück. Das Kloster hatten mittlerweile die Franzosen befreit und den Franziskanerinnen zurückgegeben.

Maria Innocentia Hummel erholte sich nicht gänzlich. Nach einem Rückfall musste sie im September 1945 in die Kinderheilstätte Wangen eingeliefert werden.

Im Alter von 37 Jahren starb sie am 6. November 1946 im Kloster Sießen, begleitet von Mitschwestern und ihrer Mutter. Sie ist auf dem dortigen Friedhof begraben.

Ums Olympiagold betrogen

Die Sportlerin Gretel Bergmann

Ein Schiff verlässt am 15. Juli 1936 den Hafen von New York. An Bord ist die US-amerikanische Mannschaft, die in Berlin bei den Olympischen Spielen antreten wird. Einen Tag später wird in Deutschland ein Brief aufgegeben, der wenig später bei Gretel Bergmann eintrifft. Absender ist der Deutsche Reichsbund für Leibesübungen. Der jüdischen Hochspringerin aus Laupheim wird mitgeteilt, dass sie

Damals noch im Schersprung: Gretel Bergmann war als Hochspringerin in Deutschland und England äußerst erfolgreich.

»Die große jüdische Hoffnung« Gretel Bergmann.

doch nicht zum deutschen Olympiaaufgebot gehört. Sie werde »aufgrund der in letzter Zeit gezeigten Leistungen wohl selbst nicht mit einer Aufstellung gerechnet haben«.

Es sei wie ein bitteres Erwachen aus einem wunderschönen Traum gewesen. »Ich hatte nie zuvor so viel Zorn, so viel Wut erlebt«, schreibt Gretel Bergmann in ihren 2003 in Deutschland erschienenen Erinnerungen »Ich war die große jüdische Hoffnung«. Sie sei allerdings auch ein bisschen erleichtert gewesen, denn so habe sie nicht überlegen müssen, ob sie den Arm zum Hitlergruß hätte heben müssen.

Die Amerikaner hatten im Vorfeld mit einem Boykott der Olympischen Spiele gedroht, falls es keine Gleichbehandlung der jüdischen Sportler in Deutschland gebe. Die US-Sportler erfahren natürlich nichts von diesem eiskalten Vorgehen gegenüber einer der weltbesten Hochspringerinnen dieser Zeit. Den Teamkameradinnen der deutschen Olympiamannschaft wird erzählt, Gretel Bergmann habe sich verletzt.

Deutschland hätte in jeder Disziplin drei Sportler beziehungsweise Sportlerinnen melden können. Im Hochsprung wurden aber nur zwei Frauen nominiert. Der Deutsche Leichtathletikverband verzichtete lieber auf eine so gut wie sichere Medaille, als eine Jüdin starten und eventuell siegen zu lassen. Das hätte schließlich die Rassentheorie der Nationalsozialisten ad absurdum geführt. Bittere Ironie des Schicksals: Die Goldmedaillengewinnerin Ibolya Csák aus Ungarn ist Jüdin.

Gretel Bergmann beschließt, Deutschland so schnell wie möglich zu verlassen. Nie wieder will sie einen Fuß auf deutschen Boden setzen oder gar Deutsch sprechen. Im Frühjahr 1937 kann sie dank der Bürgschaft eines Freundes ihres Vaters ausreisen. Mit den erlaubten zehn Reichsmark und ein paar Habseligkeiten kommt sie in New York an. Zunächst lebt sie von zahlreichen schlecht bezahlten Jobs: Sie putzt, bügelt, arbeitet auf einer Milchfarm, als Arzthelferin und als Masseurin in einem Schlankheitssalon. Und sie macht weiter Sport. Obwohl ihr damaliger Trainer eine Niete und sie nicht ausreichend gut vorbereitet ist,

Das Olympiastadion
in Berlin während der
Wettkämpfe 1936. Am
15. Juli 1936 wurde
Gretel Bergmann
mitgeteilt, dass sie
nicht zum deutschen
Olympiaaufgebot
gehört. Für die Jüdin
war dies ein bitteres
Erwachen aus einem
wunderschönen Traum.

gewinnt sie 1937 die US-Meisterschaften im Hochsprung und im Kugelstoßen.

Ihr Freund Bruno Lambert kann ihr ein knappes Jahr später in die USA folgen. Gretel muss den Hauptteil des Lebensunterhalts für beide bestreiten, da seine erste Hospitantenstelle als Arzt in einem Krankenhaus in Brooklyn schlecht bezahlt ist. 1938 gewinnt sie erneut die US-Meisterschaften im Hochsprung und heiratet Bruno im selben Herbst.

Margaret Lambert, wie sie jetzt heißt, erfährt 1939 vom deutschen Überfall auf Polen, gerade als sie zu einer weiteren Meisterschaft fahren will. Angesichts dieser Katastrophe wird der Sport für sie bedeutungslos. Jäh beendet sie ihre sportliche Laufbahn.

1944 erhält Margaret Lambert die US-amerikanische Staatsbürgerschaft. 1947 und 1951 werden ihre Söhne

Glenn und Gary geboren. Deutschland und ihr Leben dort hat sie längst aus ihren Gedanken verbannt.

Am 12. April 1914 wurde Gretel Bergmann als mittleres von drei Kindern in eine angesehene, gutbürgerliche jüdische Familie hineingeboren. Ihr Vater war Teilhaber einer Fabrik für Perücken und Haarartikel. Schon früh war sie sehr sportbegeistert und brachte sich Schwimmen, Tennis, Schlittschuhlaufen und Skifahren selbst bei. Dem Laupheimer Turn- und Sportverein trat sie im Alter von sieben Jahren bei. Mit zehn nahm sie an ihrem ersten Wettkampf teil – zum großen Stolz des Vaters. Nach drei Jahren auf einer jüdischen Volksschule wechselte Gretel auf die städtische Realschule, eine reine Jungenschule. Dort lernte sie, sich zu behaupten. Nach dem Realschulabschluss wechselte sie 1930 ans Gymnasium im rund 25 Kilometer entfernten Ulm.

Erstmals konnte sie in der Leichtathletikabteilung des Ulmer Fußballvereins unter sachkundiger Leitung systematisch trainieren. Gretel nahm an zahlreichen Wettkämpfen teil, manchmal ging sie in bis zu sechs Disziplinen zugleich an den Start. Im Hochsprung war sie immer besonders stark: Bei den Süddeutschen Meisterschaften 1931 übersprang sie die 1,50 Meter. Damit gehörte sie zu den besten deutschen Hochspringerinnen. Sie wurde mehrmals von Auswahltrainern zu Lehrgängen in die Sportschule Ettlingen eingeladen. Ihr weiterer Weg stand ihr klar vor Augen: ein Studium an der Deutschen Hochschule für Leibesübungen in Berlin. Sie wollte Sportlehrerin werden und bei den Olympischen Spielen 1936 für Deutschland an den Start gehen.

Im Frühjahr 1933 wurden ihr erstmals Steine in ihre bis dahin so glänzende Sportlerlaufbahn gelegt. Der Ulmer Fußballverein teilte ihr mit Hinweis auf den »Arierparagraphen« mit, dass sie ab sofort aus dem Verein ausgeschlossen sei. Nicht nur die Sportkameraden wandten sich ab, auch

Freunde aus der Nachbarschaft kannten sie plötzlich nicht mehr. Auch von der Hochschule erhielt sie eine Absage. Gretel Bergmann hatte nun keine Trainingsmöglichkeiten mehr, denn in ihrer näheren Umgebung gab es keinen jüdischen Sportverein, dem sie hätte beitreten können.

Ihr Vater riet ihr, nach England auszureisen, wo er geschäftliche Kontakte hatte. Gretel Bergmann begab sich also dorthin, lernte in London an der Polytechnic Englisch und wurde, als man ihr Talent erkannte, umgehend ins dortige Sportteam aufgenommen. Sie konnte nun wieder systematisch Hochsprung und Kugelstoßen trainieren und hoffte, mit herausragenden sportlichen Leistungen die britische Staatsbürgerschaft zu erhalten. So wäre der Weg für die Olympischen Spiele 1936 frei – als Mitglied der britischen Mannschaft. In ihren Erinnerungen schreibt sie, sie habe gehofft, »dass ein neuer Rekord, eine Meisterschaft, irgendwie den deutschen Behörden zu Ohren käme, mit der unüberhörbaren Botschaft: Seht her, ihr Bastarde, so gut kann eine Jüdin sein«.

Mit 1,55 Metern wurde die Laupheimerin 1934 britische Meisterin im Hochsprung. Die jüdischen Zeitungen in Deutschland berichteten über Gretel Bergmanns Triumph. Ihr Sieg bei der britischen Meisterschaft erregte auch tatsächlich die Aufmerksamkeit der deutschen Reichssportführung.

Die Freude über diesen Sieg wurde schnell getrübt. Ihr Vater musste ihr in England eine Nachricht überbringen. Sie sollte auf Anordnung der Nazis nach Deutschland zurückkehren, sonst habe ihre Familie mit ernsten Konsequenzen zu rechnen. Die Nazis brauchten sie als »Alibi-Jüdin«, um den drohenden Olympia-Boykott der USA abzuwenden. Also kehrte Gretel Bergmann ihrer Familie wegen nach Deutschland zurück. Sie gehörte zu den 21 jüdischen Sport-

lern, die in ein olympisches Trainingslager in Ettlingen eingeladen wurden. Dort lernte sie ihren späteren Mann kennen, den Weitspringer und Sprinter Bruno Lambert.

Die Hochspringerin wurde im Frühsommer 1936 von den Nazis zu den Württembergischen Leichtathletik-Meisterschaften geschickt. Dort sollte sie sich angeblich für die Olympischen Spiele qualifizieren können. Der Hochsprungwettbewerb war jedoch schon fast vorbei, als sie im Stadion eintraf. Die letzte Konkurrentin war bei 1,42 Metern ausgeschieden. Gretel Bergmann blieb kaum Zeit, sich aufzuwärmen. Sie spürte das feindselige Klima des Publikums – keine guten Voraussetzungen für eine grandiose Leistung. Doch die Sportlerin sprang nach eigenen Worten umso höher, je wütender sie war. Die Latte blieb bei 1,60 Meter liegen, es war der neue deutsche Rekord. Gretel Bergmann wähnte sich schon in der deutschen Olympiamannschaft, aber der Brief des Reichs-

Bei den süddeutschen Meisterschaften 1931 übersprang Gretel Bergmann die 1,50 Meter. Sie gehörte damit zu den besten deutschen Hochspringerinnen – und doch durfte sie nicht für Deutschland bei der Olympiade 1936 starten.

sportministeriums zerstörte ihren Traum.

Die ehemalige Top-Sportlerin ist heute noch der Meinung, dass sie nur aufgrund ihrer ungewöhnlichen Geschichte im Gedächtnis der Menschen geblieben ist. Hätte sie 1936 antreten dürfen und gewonnen, sie wäre vermutlich längst vergessen. Oder tot. »Vielleicht hätten sie mich umgebracht, wenn ich Gold geholt hätte, eine solche Beleidigung der deutschen Psyche hätten sie vielleicht nicht hingenommen.«

Es brauchte lange, bis Gretel Bergmann, heute Margret Lambert, die tiefe Verletzung überwand und 62 Jahre nach ihrer Auswanderung erstmals für die Verleihung des Georg-von-Opel-Preises nach Deutschland zurückkehrte. 2003 besuchte die heute 101-Jährige ihre Geburtsstadt Laupheim, ein Sportplatz wurde nach ihr benannt.

Um ihre Chance auf Olympiagold betrogen worden zu sein, verletzt Gretel Bergmann zutiefst, und es braucht lange, bis diese Wunde heilt. 62 Jahre nach ihrer Auswanderung in die USA nimmt sie 1999 in Frankfurt am Main den Georg-von-Opel-Preis entgegen. Sie besucht auch ihre Geburtsstadt Laupheim und kehrt 2003 erneut dorthin zurück, weil ein Sportplatz nach ihr benannt wird. Sie trifft auf ihre alte Freundin und sportliche Konkurrentin Elfriede Kaun.

Der Kinofilm »Berlin '36«, der Gretel Bergmanns Geschichte in etwas dramatisierter Form 2009 im Kino und 2012 im Fernsehen zeigt, macht ihr Schicksal einer breiteren Masse bekannt. Mit ihren Erinnerungen und Hinweisen hatte sie das Filmteam unterstützt und gleichzeitig den »langen Kampf gegen die Wut in sich« zum Schweigen gebracht. 2014, ein Jahr nach dem Tod ihres Mannes, wurde Margaret Bergmann-Lambert 100 Jahre alt.

Die Sportlerin Gretel Bergmann

Nimmer sich beugen

Die Autorin und Kulturschaffende Inge Aicher-Scholl

Der 22. Februar 1943 veränderte alles. Nach einem Schauprozess vor dem Volksgerichtshof wurden Hans und Sophie Scholl am späten Nachmittag dieses Tages von den Nazis exekutiert – vier Tage nachdem sie beim Verteilen von Flugblättern erwischt und gefangen genommen worden waren.

Inge Aicher-Scholl 1993. Das Wachhalten der Erinnerung an ihre hingerichteten Geschwister Sophie und Hans Scholl wurde ihr zur Lebensaufgabe, als Mahnerin für geistige Freiheit.

Die Autorin und Kulturschaffende Inge Aicher-Scholl

Nach der Beerdigung der beiden Studenten in München wurden deren Eltern Magdalena und Robert Scholl sowie die beiden Schwestern Inge und Elisabeth Ende Februar in Sippenhaft genommen. Lediglich Werner, der Jüngste unter den Geschwistern, musste an die Ostfront, von der er nicht mehr zurückkehrte.

Gegenüberliegende Seite: Die Scholl-Geschwister standen sich nahe. Inge als Älteste galt als Leithammel. Hinten von links Inge, Hans und Elisabeth, vorne Sophie und Werner.

Nach der Freilassung der Familie Scholl hatte der Kreisleiter in der Ulmer Lokalpresse eine gnadenlose Hetzkampagne gestartet. Auf Anraten von Freunden siedelte die Familie daraufhin gemeinsam in den katholisch geprägten Schwarzwald auf einen Hof in der Nähe von Blumberg um. Dort lebte sie bis Kriegsende. Inge Scholl konvertierte und wurde am zweiten Jahrestag der Hinrichtung von Hans und Sophie katholisch getauft.

Sie bezeichnete die Hinrichtung ihrer Geschwister einmal als »einen Stoß ins Herz« – für die Familie, aber auch für sich selbst. Erinnerung hat für viele Menschen mit schönen Momenten zu tun. Für Inge Scholl wurde die Erinnerung an ihre ermordeten Geschwister und das Wachhalten der Erinnerung mit ihren Konsequenzen für die Zukunft zur Lebensaufgabe. Sie wollte deren Weg und Kampf für geistige Freiheit weitergehen und begann 1946 aufzuschreiben, was sie vom Leben und dem Schicksal ihrer Geschwister wusste. Sie sprach auch mit Zeitzeugen. Das Buch »Die weiße Rose« erschien 1952.

Als ältestes Kind von Magdalena und Robert Scholl wurde Inge am 11. August 1917 in Ingersheim geboren. Die Gemeinde gehört heute zu Crailsheim. Robert Scholl war dort bis 1919 Bürgermeister. Ein Jahr später wurde er in Forchtenberg zum Bürgermeister gewählt. Inge und ihre jüngeren Geschwister verbrachten ihre Kindheit im und ums dortige Rathaus. Ihre Schwester Elisabeth bezeichnete sie einmal als »Leithammel« der Geschwister in jungen Jahren.

Lange genügten sich die Geschwister als Gemeinschaft selbst, erst in der Jugend kamen vermehrt auch Freunde dazu. Inge Scholl schrieb in einer Autobiografie im Kalender der von ihr gegründeten Volkshochschule Ulm: »Im Kreis meiner vier fast gleichaltrigen Geschwister bin ich aufgewachsen in einer wunderbaren Freiheit, die die Eltern mutig gewährten.«

1932 kam die Familie nach Ulm, wo der Vater eine Steuer- und Wirtschaftsprüfungskanzlei aufbaute. Inge und ihre Geschwister gingen gegen den Willen der Eltern zur Hitler-Jugend. Inge übernahm dort in den 1930er-Jahren beim Bund Deutscher Mädel eine leitende Funktion.

Doch die Haltung der Geschwister den Nazis gegenüber änderte sich nach und nach. Durch den Einfluss des befreundeten Otl Aicher suchte und fand Inge Halt im katholischen Glauben, obwohl sie evangelisch getauft war. Nach der Schule arbeitete sie als Büroassistentin in der Kanzlei des Vaters in Ulm, während Hans und Sophie in München studierten und Elisabeth eine Ausbildung zur Kinderkrankenschwester machte. Der Kontakt der Familienmitglieder untereinander war auch in dieser Zeit sehr eng, dennoch hielten Hans und Sophie Scholl ihre Aktivitäten im Widerstand in München geheim.

Vielleicht unter dem Eindruck ihrer Recherchen ab Mitte der 40er Jahre und im Zuge des Schreibprozesses zu »Die weiße Rose« trug Inge Scholl sich kurze Zeit mit dem Gedanken, Soziologie und Geschichte zu studieren. Doch Otl Aicher, ihr späterer Mann und Freund ihres jüngeren Bruders Werner, brachte sie auf eine andere Idee: den Aufbau einer Bildungseinrichtung in Ulm, einer

Die Autorin und Kulturschaffende Inge Aicher-Scholl

Inge Aicher-Scholl bei einem Treffen der Gruppe 47, in Hintergrund Günther Grass.

Volkshochschule. Ab 1946 machten sie sich an die Arbeit.

Wenn man Otl Aicher durch seinen Impuls als geistigen Vater der Volkshochschule sehen möchte, so war Inge Scholl doch deren Herz. Sie übernahm die Leitung der Bildungseinrichtung und führte sie mit großem Gespür. Die »vh ulm« nahm bundesweit eine Vorreiterrolle ein, weil erstmals gesellschaftliche, kulturelle und literarische Themen neben die üblichen berufskundlichen und freizeitgebundenen Inhalte traten. Das Ziel waren geistig wache, mündige Menschen, die durch Wissensvermittlung in geistigen, politischen und religiösen Themenbereichen in der Lage sein würden, Fehl-

1981 waren Inge Aicher-Scholl und Otl Aicher in Mailand. Ein geschäftstüchtiger Fotograf hatte den beiden Erbsen in die Hand gedrückt und ehe sie entscheiden konnten, ob sie wollten oder nicht, waren die beiden von Tauben umringt und wurden abgelichtet.

entwicklungen innerhalb der Gesellschaft gegenzusteuern.

Im Mai 1952 erschien ihr Buch »Die weiße Rose«, einen Monat später heiratete Inge Scholl Otl Aicher. Im Juni 1953 kam Tochter Eva mit Down-Syndrom auf die Welt. Im selben Jahr gelang es Inge Aicher-Scholl mit Hilfe amerikanischer Stiftungen, aber auch mit Unterstützung der deutschen Wirtschaft, die Mittel für die Errichtung der »Hochschule für Gestaltung« (HfG) aufzubringen. Sie wurde von der »Geschwister-Scholl-Stiftung« getragen und war damit vom Staat unabhängig. Im Oktober 1954 wurden die Zwillinge Pia und Florian geboren. Auch als Mutter machte sie beharrlich weiter in ihrem Bemühen, demokratische Werte innerhalb der Gesellschaft zu stärken. In ihrer Ulmer Volkshochschulzeit erhielt Inge Aicher-Scholl den Namen »Die sanfte Gewalt«. Ein Begriff, der sie mit ihrem sanften Wesen und ihrer konzentrierten und ruhigen Art gut charakterisierte. 1958 wurde Sohn Julian, zwei Jahre später Manuel geboren.

Im Bundestagswahljahr 1961 wandte sich Inge Aicher-Scholl gemeinsam mit ihrem Mann gegen das Denken in den Kategorien des Kalten Krieges. Sie sah Freiheit und Frieden nicht als Zustand, sondern als etwas, um das man sich immer wieder bemühen müsse. Ihre Gedanken fanden in Martin Walsers herausgegebenen Sammelband »Die Alternative oder Brauchen wir eine neue Regierung?« ihren Niederschlag.

Otl Aicher wurde ab 1967 Gestaltungsbeauftragter für die Olympischen Spiele 1972. Im selben Jahr zog die Familie nach Leutkirch-Rotis auf das Gelände einer ehemaligen Mühle mit aktiver Wasserkraftanlage. Sie bauten das Anwesen aus. Bis zu 12 Personen arbeiteten in den Gestaltungsbüros von Otl Aicher, während Inge Aicher-Scholl, weiterhin Leiterin der Volkshochschule Ulm, auch für die Finanzen und die Küche in Rotis zuständig war.

Am 20. Februar 1975 verunglückte Tochter Pia tödlich, als sie mit ihrem Vater im Auto nach Ulm unterwegs war. Nach dem Tod ihrer Geschwister musste Inge Aicher-Scholl nun erneut den gewaltsamen Tod eines engen Familienmitglieds verkraften. Sie gab im selben Jahr die Leitung der Volkshochschule ab.

Doch trotz aller Tragik vergaß Inge Aicher-Scholl das Leben und die Lebenden nicht. Vielleicht zog sie aus ihrem vielfältigen Engagement die Kraft, weiterzumachen. Sie blieb weiterhin die unbequeme Mahnerin.

Der Impuls ihrer ermordeten Geschwister, sich für ein besseres Deutschland einzusetzen, führte Inge Aicher-Scholl bereits in den 60er Jahren in die Friedensbewegung. Sie demonstrierte in Bonn gegen Atomwaffen, nahm an der Menschenkette von Neu-Ulm bis Stuttgart teil. Für Aufsehen sorgte sie, als sie sich 1985 zusammen mit ihrem Schwager, dem pensionierten Richter Fritz Hartnagel, gegen die NATO engagierte. Sie nahm mehrmals an Blockaden vor dem amerikanischen Militärdepot in Mutlangen teil. Da der Friede aus ihrer Sicht gefährdet war, sah sie ihr Engagement als eine Art gesellschaftliche Notwehr. Wegen Nötigung der amerikanischen Truppen wurde Inge Aicher-Scholl vor Gericht zu einer Geldstrafe verurteilt.

Am 1. September 1991 wurde ihr Mann Otl Aicher beim Überqueren der Straße in Rotis von einem Motorradfahrer erfasst und tödlich verletzt. Und wieder fand Inge Aicher-Scholl durch die Hingabe an eine selbst gewählte Aufgabe Kraft, ihren Weg weiterzugehen. Sie widmete sich ganz der Sammlung der Hinterlassenschaft ihres Mannes. Zwischen 1987 und 1997 erhielt sie zahlreiche Ehrungen, unter anderem die Verdienstmedaille des Landes Baden-Württemberg.

50 Jahre nach der Hinrichtung ihrer beiden Geschwister erschien 1993 ihr Buch »Sippenhaft«, in dem sie von ihren Erfahrungen im Gestapo-Gefängnis berichtete. Drei Jahre später gab sie ihr Buch »Eva. Weil du bei mir bist, bin ich nicht allein«, ein Buch über ihre behinderte Tochter, heraus.

»Allen Gewalten zum Trotz sich erhalten. Nimmer sich beugen, mutig sich zeigen. Rufet die Arme der Götter herbei.« Diese leicht abgewandelten Zeilen nach Johann Wolfgang von Goethe standen auf dem Schreibtisch von Inge Scholls Vater Robert. Es war ein Lebensmotto für die ganze Familie. Für den Vater sowie für Hans und Sophie fanden Goethes Worte vor allem im Widerstand gegen die Nazis ihren Niederschlag. Betrachtet man das Leben von Inge Aicher-Scholl und die vielen Schicksalsschläge, dann stehen diese Worte für deutlich mehr.

Inge Aicher-Scholl starb am 4. September 1998 an den Folgen eines Krebsleidens an ihrem letzten Lebensort Rotis.

Schreiben als Befreiung

Die Schriftstellerin Maria Beig

Sie schrieb gegen die Depression an und um die hohlen Stunden zu füllen. In ihren Lebenserinnerungen erzählt Maria Beig in der dritten Person von der Zeit, kurz bevor sie sich schreibend auf den Weg zu sich selbst machte: »Und wie ein Berg standen die paar Jahre bis zur Pensionierung vor ihr.« Diesen Berg wollte die Lehrerin nicht mehr erklimmen. Die damals 58-Jährige ging vorzeitig in den Ruhestand. Rechtzeitig, schreibt sie in »Ein Lebensweg«. Es drängte sie geradezu, manches schriftlich festzuhalten. »Dabei wunderte ich mich, wie groß die Lust war, dies zu tun. Den Haushalt machte ich wieder im Handumdrehen. Bereits am frühen Morgen spitzte ich die Bleistifte, um das zu schreiben, was mich nachts überfiel.«

Es entstand die erste Geschichte »Rabenkrächzen« – geschrieben von Hand und in Druckbuchstaben. »Fabulieren« nannte sie es, wenn ihr Mann fragte, was sie tat. Das 1982 erschienene Buch erzählt von vier Generationen auf vier Höfen in

Maria Beig, die »außerordentliche Autorin der zeitgenössischen Literatur«, wie es bewundernd von ihr gesagt wird, im Jahr 2008 im Alter von 88 Jahren.

Maria Beig mit ihrem ersten Motorrad im Jahr 1948. Sie brauchte es, um damit zur Schule zu fahren. Später kaufte sie sich dann einen VW Käfer.

ihrer oberschwäbischen Heimat – nicht weit vom großen See. Maria Beig hat dabei auch das Märchen von den sieben Raben umgedeutet. Sie nahm sich die Freiheit, Wahres mit Erdachtem, Vergangenes mit Gegenwärtigem zu vermischen. Diese Freiheit, sich von allem genau die Portion zu nehmen, die »Rabenkrächzen« und ihre anderen Romane und Erzählungen ausmachen, war ihr ein Genuss.

Das Fabulieren und Vermischen – überhaupt das Schreiben – hat die Depressionen vertrieben.

In der Verwandtschaft und in ihrer Umgebung hat man Maria Beig genau das zum Vorwurf gemacht, dass man sich

Die Schriftstellerin Maria Beig

einerseits wiedererkannte und andererseits aber verändert fand. Sie aber hat weitergeschrieben, den bösen Anrufen und dem Spott zum Trotz. »Bald hatte ich mit dem Echo auf mein Schreiben mehr Freude als Kummer.«

So schrieb Maria Beig von 1982 bis 2009 acht Romane, 52 Erzählungen und ihre Autobiographie. Die späte Schriftstellerin ist der Ansicht, dass es ihrer Mutter gefallen hätte, dass sie schreibt, genauso wie die Preise, die sie fürs Schreiben bekam: den Alemannischen Literaturpreis 1983, den Literaturpreis der Stadt Stuttgart 1996 und den Johann-Peter-Hebel-Preis 2004. Diese Anerkennungen und die Wertschätzungen von Martin Walser oder Arnold Stadler haben dann schließlich Verwandte und Bekannte wieder milder gestimmt.

Mühsam hat sich Maria Beig herausgearbeitet aus der bäuerlichen Welt Oberschwabens, in der Mädchen und Frauen nur halb so viel wert waren wie Buben und Männer.

Am 8. Oktober 1920 wurde Maria Beig in Senglingen, heute Ortsteil von Meckenbeuren, als siebtes von acht Mädchen und fünf Jungen auf einem oberschwäbischen Bauernhof geboren. Ihren Eltern kam sie schon als kleines Kind viel zu empfindlich und empfindsam, viel zu eigenwillig vor – auch zu wenig hübsch. »Sie sagten oft ›zänne Mei‹, weil ich so oft weinte«, schreibt die Schriftstellerin in ihren Lebenserinnerungen. Man traute ihr nicht zu, einen Mann abzubekommen. »Es stimmte mich traurig, denn keinen Mann zu bekommen, war damals für ein Mädchen einem Todesurteil ähnlich.«

Später sollte Maria Beig von diesen »Hochzeitslosen« schreiben, von den ledigen Frauen, für die auf den Höfen höchstens der Platz einer Magd blieb. Lebensnah erzählte sie, wie sich die Frauen ihrer Heimat krumm und buckelig arbeiten mussten, weil sie allein aufgrund ihres Geschlechts kaum eine Wahl hatten, ihr Leben selbstbestimmt zu gestalten.

Die fünf jüngeren Töchter der Familie im Jahr 1936 in Blümchenkleidern, die sie stolz präsentieren.

»Wirr ebbes!«, sagten die Eltern also oft, was bedeutete: »Werde etwas und such deinen Platz woanders.« Die junge Maria hatte zunächst zwei Schwestern des Vaters als Vorbild, die als Nonnen in der Mission arbeiteten. Doch das »Dritte Reich« und das Schicksal wollten es anders mit ihr. Ihr früherer Lehrer kam mit einem Schreiben auf den Hof, er sprach vom Lehrermangel und dass es ein aussichtsreicher Beruf sei, da die Burschen, die die höhere Schule besucht hätten, lieber Offizier werden wollten. »Zur großen Überraschung aller in der Familie kam bald die Nachricht, dass ich zur Ausbildung einer Hauswirtschaftslehrerin angenommen worden sei«, so die Autorin.

Ab 1936 absolvierte sie am Hauswirtschaftlichen Seminar des Pädagogischen Instituts in Kirchheim unter Teck ihre Ausbildung. Nach der ersten Dienstprüfung zeigte sich die Mutter erfreut, doch Maria Beig selbst hatte, wie sie schreibt, »die größten Zweifel, dass ich nun etwas geworden sei«.

Erste zarte Gefühle empfand die junge Frau einem Kollegen gegenüber, der an die Schule strafversetzt worden war, an

der Maria Hauswirtschaft und Sport unterrichtete. Er hatte versucht, sich der Hitlerjugend und den anderen Organisationen zu entziehen, war gegen die Nationalsozialisten und warnte auch Maria vor dem bösen Ende, den dieser Krieg nehmen würde.

Dieselben Mädchen siebzig Jahre später im Jahr 2006 – weißhaarig, Maria geht am Stock.

Sie hatte sich in ihrer Schwärmerei für diesen Mann der Mutter anvertraut. Doch nach den Weihnachtsferien kam er nicht wieder.

Von der Junglehrerin erwartete man im Ort auf der Alb bald darauf, dass sie politisch aktiv sei. Nach Vorschlag des wenig fanatischen Bürgermeisters übernahm sie das Amt der Leiterin von »Glaube und Schönheit«. Die jungen Mädchen kamen nur alle zwei Wochen zusammen und in den Gruppenstunden wurde dann doch nichts Politisches erwartet.

Der Krieg war schon recht fortgeschritten, als sie den einsamen Stunden in ihrem kleinen Zimmerchen in die nächste Stadt entfloh und die Bekanntschaft eines Soldaten machte. »Er lachte und er war ein netter Mann … Er bat mich mit netten Worten, am anderen Samstag wieder in die Kinovorstellung zu kommen. Und eben da hätte ich im Zimmer bleiben sollen und das Feuer im Ofen machen! Dass ich es nicht tat, habe ich hundertmal bereut und bedacht, wie anders mein Weg verlaufen wäre«, schreibt sie als 89-Jährige.

Die junge Lehrerin wurde schwanger und der verheiratete Soldat kam nicht wieder. Er war an die Front geschickt worden. Zu Hause, in Oberschwaben, wurde ihre Schwangerschaft natürlich alles andere als erfreut aufgenommen. Der Vater habe geschrien: »Von der hab ich nichts anderes erwartet!« Sie spielte mit dem Gedanken, sich das Leben zu nehmen. Doch für die Familie hätte das bedeutet, eine Schande auf die andere zu häufen.

Im fünften Kriegsjahr kam ihr Sohn zur Welt. Maria Beig wurde an eine Schule in der Heimat versetzt, dort machte sie die zweite Dienstprüfung und lebte wieder bei ihrer Familie. Doch bald schon wollte der jüngste Bruder den Hof übernehmen, für sie und ihren Sohn war kein Platz mehr. Mutter und Sohn kamen bei einem verwandten kinderlosen Ehepaar in der Nähe des Heimatortes unter. Da alles dort wie in Ordnung schien, sei sie sozusagen übermütig geworden. Es sei ja höchste Zeit, habe sie gedacht, und machte die Bekanntschaft mit einem Mann, den ihre Mutter »bald liebte wie die anderen Schwiegersöhne«.

1954 heirateten die beiden, der uneheliche Sohn blieb bei der Verwandtschaft. Das Ehepaar zog ins selbst gebaute Reihenhäuschen nach Friedrichshafen, wenig später kam die Tochter auf die Welt. Maria Beigs Mann wollte nicht, dass das gemeinsame Kind von der Existenz des Halbbruders erfuhr. In ihrer Autobiographie ist dies, wie um Abstand zu gewinnen, in der dritten Person geschrieben: »Das war dann wie ein Schwur, den sie leisten musste. Sie hielt das Versprechen.«

Bis 2009, als sie ihren Lebensweg beschrieb. Einem Journalisten erzählte sie nach Erscheinen ihrer Autobiographie den Grund: Sie habe dieses Buch wohl vor allem geschrieben, um von ihrem unehelichen Sohn zu erzählen, den sie in der Nachkriegszeit, auch vor der später geborenen Tochter, verleugnet habe. Der Druck der Moralvorstellungen sei zu groß gewesen und ihr Mann habe um seinen Ruf gefürchtet. Der Sohn starb, noch bevor Maria Beig in den Ruhestand ging und mit dem Schreiben anfing.

Maria heiratete Walter Beig am 31. Juli 1954. Aus der Ehe ging die Tochter Uta hervor.

Heute lebt die verwitwete Schriftstellerin in einem Seniorenstift in Friedrichshafen.

Die Sehnsucht nach dem Schönen

Die Künstlerin Meret Eichler

Rund 60 Kilometer liegen zwischen Lindau und Überlingen. Als sich die 17-jährige Meret Eichler an einem Tag im Herbst 1945 auf ihr Fahrrad schwang, war die Route durch das französisch besetzte Gebiet der Anfang ihres bewusst gewählten Lebensweges. Dort, im Heimatmuseum in Überlingen, lockte eine Ausstellung, die erstmals moderne und unter den Nazis geächtete Kunst zeigte. Besonders begeistert war die Gymnasiastin von den Bildern von Karl Schmidt-Rottluff. Vielleicht schon auf dem Heimweg fasste Meret Eichler einen Entschluss: Bei diesem Künstler wollte sie lernen.

Nach dem Abitur dieses Ziel zu erreichen war alles andere als einfach: Sie musste im Winter 1947 durch die verschiedenen Besatzungszonen nach Berlin gelangen, wo Schmidt-Rottluff an der Hochschule für Bildende Künste lehrte. Der mittlerweile verstorbenen Journalistin und Autorin Erika Dillmann erzählte Meret Eichler später, sie sei unerlaubt über alle Grenzen mit einem Rucksack voller Ölbilder und Aquarelle mit dem Zug nach Berlin gereist. »Schwarz, das hieß, vor jeder Zonengrenze aussteigen und sich zu Fuß zur nächsten Station auf der anderen Seite durchschlagen. Um ins russisch besetzte Gebiet zu kommen, musste ich acht oder zehn Kilometer durch Schnee und Kälte ...«

Gegenüberliegende Seite: Kunst in Gestalt von Malerei und Architektur war im Hause Eichler bis zum Tod der Mutter 1935 stets gegenwärtig. Die Familie Eichler 1931: Hansjörg, Anna Eichler-Sellin mit Meret, Gustav Eichler und Wolfdietrich (von links).

Selbstportrait nach Friedels Tod 1952.

Ihr Bruder Hansjörg arbeitete zu diesem Zeitpunkt im Harz am Institut für Kulturpflanzenforschung. Diese willkommene Station in Aschersleben auf der beschwerlichen Reise gab ihr sogar einen Türöffner zu Karl Schmidt-Rottluff in die Hand: Der Institutsleiter war ein Schulfreund des Künstlers. Er gab ihr Grüße mit auf den Weg, Meret Eichler fühlte sich beflügelt.

Mit den vorgelegten Arbeiten schaffte die 19-Jährige die Zulassung zur Aufnahmeprüfung, die sie wenig später auch bestand. Damit bekam die angehende Kunststudentin nicht nur Lebensmittelkarten, sondern auch einen Interzonenpass. Sie konnte ganz offiziell nach Lindau zurückfahren und ihre Sachen holen.

Obwohl besonders in ihren künstlerischen Anfängen beeinflusst, suchte Meret Eichler als Meisterschülerin nie die Identifikation mit Schmidt-Rottluff und seinem Werk. Sie schätzte an ihrem Lehrer sehr, dass er die persönliche Eigenart seiner Schüler förderte: »Auch wenn er nicht zufrieden war, versuchte er dem Schüler Mut zu machen und spornte ihn an, das Begonnene durchzuhalten. Vom Aufgeben eines einmal eingeschlagenen Weges hielt er nichts«, sagte sie einmal. Diese Zuversicht von Schmidt-Rottluff hatte ihr bereits bei der Aufnahmeprüfung Kraft gegeben. Auch später als Künstlerin hatte sie weiter Kontakt zu ihrem einstigen Lehrer. Er nahm an ihrem Leben Anteil und

Die Künstlerin Meret Eichler

bestärkte sie in finanziell schwierigen Zeiten weiterzumachen: »Selbst noch aus seinen Briefen übertrug sich diese Kraft auf mich.«

Meret Eichler hungerte zeitlebens nach immer neuen Impulsen, sie wollte künstlerisch wie persönlich wachsen. Aufgeschlossen allem Neuen gegenüber, ging sie ihren individuellen Weg. Dieser führte sie wie der Zusammenhang zwischen Ebbe und Flut immer wieder von ihrem über alles geliebten Bauernhäuschen in Urbanstobel bei Ravensburg hinaus in die Welt und wieder zurück. In Briefen und Tagebuchnotizen sind ihre Eindrücke von den Auslandsaufenthalten, etwa die Zeit ihres Stipendiums an der École des Beaux Arts in Paris, dokumentiert. Fast zärtlich sprach sie von ihrem Motorrad, einer »Quick«, die ihr ab 1953 die Unabhängigkeit zum Reisen schenkte. Oft war sie damit alleine unterwegs. »Da muss ich immer aufpassen, dass ich irgendwo eine Mauer hatte, wo ich's anlehnen konnte, weil ich es nicht so halten konnte, wenn ich abstieg. So schwer war das Gepäck. Aber: Das war die Freiheit.«

Meret Eichler lebte diese Freiheit. Sie war zugleich sesshaft und doch Nomadin, tauchte monatelang in fremde Kulturen ein, lernte zuvor Fremdsprachen und kehrte reich an Eindrücken zurück. Ihre Weltsicht schöpfte sich aus vielen Perspekti-

Was Meret Eichler beim Durchstreifen der Heimat, aber auch fremder Länder sah, erlebte, fühlte, das setzte sie ins Bild. Hier ein Bild von 1991: Deggenhausertal – Sonnenblumen-Brachfeld.

Meret Eichler bei der Arbeit an ihrem Mosaik im Schwimmbad Obereschach.

ven und blieb nie an der Oberfläche. Was sie sah, erlebte und fühlte, wurde ins Bild gesetzt als Malerei in Aquarell und Öl, auf Holztafeln mit Leimfarbe in Poliertechnik, als Zeichnung und mithilfe verschiedener Drucktechniken, aber auch auf Fayencen und Wandteppichen. Auftragsarbeiten an privaten und öffentlichen Gebäuden waren ihr wegen des Zusammenspiels mit der Architektur immer willkommen, hier schuf sie Werke als Fresko, als Mosaik, in Naturstein und in Keramik. Sie hat sich in ihrem rund 50 Jahre dauernden intensiven Künstlerleben nie auf eine Technik, eine Richtung festgelegt. Sie folgte nie den Moden des Kunstmarktes. Meret Eichler suchte und fand Schönheit in all ihren Erscheinungsformen und kämpfte ein Leben lang für deren Bewahrung. In den achtziger Jahren etwa thematisierte sie in ihren Arbeiten die Zerstörung der Natur ebenso wie den Abriss historischer Bauwerke in ihrer Heimatstadt.

Meret Eichler liebte die Abgeschiedenheit des kleinen Bauernhauses mit dem ausufernden, farbenfrohen Garten in der Nähe von Ravensburg. Die zeitlebens mädchenhaft wirkende Künstlerin half selbst beim Anbau des vom Vater entworfenen Ateliers mit. Zusammen mit ihrem Lebensgefährten Wolfgang Brokmeier verbrachte sie ab Anfang der 60er Jahre in Urbanstobel viele fruchtbare Jahre.

Die Künstlerin war eine engagierte, leidenschaftliche, zugleich zielstrebige Malerin und ein feiner, naturverbundener Mensch. Sie arbeitete strukturiert und diszipliniert und hatte einen festen Tagesrhythmus. Dazu gehörte das Erledigen des Haushalts, Bewerbungen um Aufträge und Vorbereitungen für Ausstellungen, ebenso das konzentrierte stundenlange Arbeiten. Sie war ein eher stiller Mensch, aber drückte sich deutlich über ihre Werke aus.

Ihr Talent hatte sich schon früh gezeigt. Meret Eichler wurde in Ravensburg am 2. Januar 1928 als jüngstes Kind des Nürburgring-Architekten Gustav Eichler und seiner Frau Anna Eichler-Sellin geboren. Als Nachzüglerin hatte sie eine sehr intensive Beziehung zu ihrer Mutter, einer willensstarken Frau mit einer großen künstlerischen Begabung. Meret Eichler erinnerte sich: »Die Mutter hatte oben ihr Atelier, sie arbeitete damals sehr viel, und da fing auch für mich das Malen als etwas ganz Selbstverständliches an. Wenn sie im Garten saß und malte, dann saß ich mit meinen vier oder fünf Jahren eben auch dort und malte auch.«

Kunst in Gestalt von Malerei und Architektur war im Alltag stets gegenwärtig und prägte Meret früh. Der Vater hatte auf Wunsch der Mutter ein rundes Haus im Ravensburger Westen gebaut. Das besondere Gebäude hielt optimale Lichtverhältnisse bereit – von früh bis spät. Dieses erste Zuhause von Meret Eichler zeugte nicht nur von der Bewunderung ihres Vaters für die Mutter als Künstlerin. Es war gleichzeitig ein eindrucksvolles Dokument avantgardistischer Architektur. Mit seiner Arbeit und den oft nicht alltäglichen Bauprojekten beeinflusste sicher auch der Vater die Tochter. Mit seiner Begeisterung fürs Motorrad- und Autofahren, fürs Flugzeugfliegen und Skifahren hatte er ihr zudem eine Unbefangenheit allem Neuen gegenüber mitgegeben.

Meret Eichler drückte sich auf vielfältige Weise aus. Sie malte, fertigte Drucke und Wandteppiche und sie widmete sich der Fayencemalerei. Motive fand sie in der Umgebung, aber auch im Weltgeschehen. Rigoberta Menchu, die guatemaltekische Menschenrechtsaktivistin, erhielt 1992 den Friedensnobelpreis. Meret Eichler würdigte sie auf einem Teller in Fayencetechnik.

Die Künstlerin Meret Eichler

Nicht immer jedoch war das Neue im Leben der Meret Eichler willkommen. Kurz vor dem Umzug nach Berlin, wo Gustav Eichler bessere berufliche Aussichten hatte, starb die Mutter. Meret war damals erst sieben Jahre alt. Sie wurde in ein neues Leben geworfen, in einer fremden Stadt und ohne die Mutter. Da war es ein Trost, viele ihrer zahlreichen Werke im neuen Heim um sich zu haben. Meret Eichler hielt regelrecht Zwiesprache mit diesen Bildern. Welch ein Schlag muss es für die 15-Jährige daher gewesen sein, als eine Bombennacht 1943 die Berliner Wohnung und alle Arbeiten der Mutter zerstörte!

Meret Eichler kehrte danach zunächst in das runde Haus in Ravensburg zurück, in dem mittlerweile Verwandte wohnten. Für das Abitur in Ravensburg hätte sie Latein lernen müssen, deshalb ging sie ans Gymnasium nach Lindau. Dort wurde sie zusammen mit dem aus dem Kriegsdienst entlassenen Vater von einer Tante aufgenommen. Am See, bei der Ausstellung im Heimatmuseum in Überlingen, kam sie an jenem Tag im Spätjahr 1945 der eigenen Kunst auf die Spur.

Den eigenen Weg behielt sie bis zu ihrem Lebensende bei. An ihrem 65. Geburtstag wurde sie nach ihrer Zufriedenheit mit dem Erreichten gefragt, nach ihrem Kunstschaffen und dem wirtschaftlichen Erfolg. »Maler haben ein sehr schönes Leben, auch wenn das, was man Erfolg nennt, manchmal auf sich warten lässt. Das Beglückende ist, jeden Tag mit Schönem umgeben sein zu dürfen. Ist das nicht viel?«, lautete ihre Antwort.

In den letzten Jahren ihres Lebens litt Meret Eichler an einer schweren Krebserkrankung. Doch Aufgeben war ihre Sache nicht. Sie malte weiter, thematisierte den Tod und ihre Hinfälligkeit in einem überaus farbigen Bilderzyklus. Meret Eichler starb am 27. Oktober 1998, ein halbes Jahr nach ihrer letzten Ausstellung.

Literatur- und Quellenangaben (Auswahl)

Adelindis von Buchau

Arno Borst: Mönche am Bodensee, Sigmaringen 1978.
www.bad-buchau.de/Gäste/Veranstaltungen/Adelindisfest

Elisabeth Achler

Ruth Banzhaf, Michael Barczyk: Selige gute Beth von Reute. Lindenberg 2003.

Karl Bihlmeyer: Die schwäbische Mystikerin Elsbeth Achler von Reute († 1420) und die Überlieferung ihrer Vita. In: Georg Basecke, Ferdinand Joseph Schneider (Hrsg.): Festgabe Philipp Strauch. Niemeyer, Halle (Saale) 1932, S. 88–109. Zu finden unter *https://archive.org/details/BihlmeyerMystikerinElsbethAchlerVonReute*

Arno Borst: Mönche am Bodensee, Sigmaringen 1978.

Die Gute Beth von Reute: PUR spezial 3/2013, fe-medienverlag Kißlegg.

Agatha Streicher

Ilse Schulz, Verwehte Spuren. Frauen in der Stadtgeschichte, Ostfildern 2005, S. 60–63.

Anneliese Seiz-Hauser, Agatha Streicher – Ärztin zu Ulm. In: Ulmer Forum, Heft 52, 1979/80.

Lore Sporhan-Krempel, Agatha Streicher. In: Lebensbilder aus Schwaben und Franken VII (1960), S. 52–61.

Lore Sporhan-Krempel: Agatha Streicher. In: Ulm und Oberschwaben 35 (1958), S.174–180.

Lauter Frauen – Aufgespürt in Baden-Württemberg. Stuttgart 2000, S. 161–163.

Anna Persauter

Georg Hämmerle: Aus der Geschichte der Stadt Saulgau, Bad Saulgau 1986, S. 192 ff.

Franz Josef Klaus: Heimatbuch der Stadt Saulgau, Bad Saulgau, 2. Auflage 1996, S. 98 ff.

Felicitas Abt

Gabriele von Koenig-Warthausen: Lebensläufe: Biographien bedeutender Persönlichkeiten, Biberach 1988.

Eike Pies: Prinzipale – Zur Genealogie des deutschen Berufs- und Wandertheaters vom 1. bis 19. Jahrhundert, Ratingen-Düsseldorf-Kastellaun 1973.

www.bremer-frauenmuseum.de/frauenhandbuch/Abt.html
Otto Herzog: Schauspielerin Felicitas Knecht – »Das Wunder ihrer Zeit«. Schwäbische Zeitung, 28. Februar 2002.

Elisabeth Gaßner

Dorothea Keuler: Elisabeth Gaßner macht als Diebin Karriere. In: Verlorene Töchter, Tübingen 2. Auflage 2009, S. 83–95.

Eva Wiebel: Die Schleiferbärbel und die Schwarze Lis. Leben und Lebensbeschreibungen zweier berüchtigter Gaunerinnen des 18. Jahrhunderts. In: Kriminalitätsgeschichte. Beiträge zur Sozial- und Kulturgeschichte der Vormoderne. Hrsg. von Andreas Blauert, Gerd Schwerhoff, Konstanz 2000, S. 759–800.

Fürstin Amalie Zephyrine von Hohenzollern-Sigmaringen

Casimir Bumiller: Von Napoleons Gnaden – Die Fürstinnen von Hohenzollern-Sigmaringen und von Fürstenberg wollten 1806 die Souveränität ihrer Herrschaften erhalten. In: Momente. Beiträge zur Landeskunde von Baden-Württemberg 3, 2006.

Gunter Haug: Die Schicksalsfürstin. Amalie Zephyrine, die Retterin von Hohenzollern. Leinfelden-Echterdingen 2005.

Fridel Dethleffs-Edelmann

Hans H. Hofstätter: Die Malerin Fridel Dethleffs-Edelmann. Retrospektive zum 80. Geburtstag. Friedrichshafen 1980.

www.galerie-dethleffs.de

Maria Müller-Gögler

Maria Müller-Gögler: Die Autorin und ihr Werk. Einführung. Stimmen der Freunde. Stuttgart 1998.

Maria Müller-Gögler: Werkausgabe in 9 Bänden, Sigmaringen 1980.

Hans-Georg Wehling: Müller-Gögler, Maria. In: Baden-Württembergische Biographien. Band 1. Stuttgart 1994.

https://litos.wordpress.com/2010/05/19/
maria-muller-gogler/

Berta Hummel

Renate Just: Kitsch. Es blieb ihr Geheimnis. In: Die Zeit, 23. Dezember 2008.

Dido Nitz: M. I. Hummel – Ich will Freude machen! Eine schicksalhafte Frauenkarriere, 2009.

Edith Rabenstein: Vom Freigeist zur Nonne. In: Passauer Neue Presse, 31. Dezember 2008.

Letztes Schenken. Ausstellung zum 50. Todestag der Künstlerin Berta M. Innocentia Hummel. Berta-Hummel-Museum 1996.

www.klostersiessen.de/pages/kunst-und-kultur/
kuenstlerinnen/m.-innocentia-hummel.php
www.hummelmuseum.de

Gretel Bergmann
Gretel Bergmann: Ich war die große jüdische Hoffnung.
Karlsruhe 2003.
Anna-Ruth Löwenbrück: Spielball der Nationalsozialisten.
In: Momente. Beiträge zur Landeskunde von Baden-
Württemberg, H. 3–4, 2003, S. 37–42.
Gunnar Meinhardt: Ich als Jüdin besiegte die Nazis. Wun-
dervoll – Gretel Bergmann-Lambert im Interview mit
Gunnar Meinhardt. Die Welt, 12. April 2014.
Uwe Schmitt: Hitlers unerwünschte Favoritin. Die Welt,
27. August 2004.
Friedhard Teuffel: Hochspringerin Gretel Bergmann – »So
gut kann eine Jüdin sein, ihr Bastarde«, *www.zeit.de/*
online/2009/26/hochsprung-bergmann-nazis
www.fembio.org/biographie.php/frau/biographie/
gretel-bergmann/

Inge Aicher-Scholl
Christine Abele-Aicher (Hrsg.): Die sanfte Gewalt – Erinnerungen an Inge Aicher-Scholl, Ostfildern 2012.
http://weisse-rose-crailsheim.de

Maria Beig
Maria Beig: Ein Lebensweg. Tübingen 2009.
Peter Blickle, Hubert Klöpfer (Hrsg.): Maria Beig zu ehren.
Tübingen 2010.
Peter Blickle, Franz Hoben (Hrsg.): Maria Beig. Das Ge-
samtwerk. In fünf Bänden. Tübingen 2010.

Eckhard Fuhr: Ein deutsches Fräuleinwunder. In: Die
    Welt, 4. Mai 2010.
Eckhard Fuhr: Maria Beig schreibt mit nüchterner Leiden-
    schaft. In: Die Welt, 7. Oktober 2010.
https://litos.wordpress.com/?s=Maria+Beig

Meret Eichler
Meret Eichler – Beiträge zu Leben und Werk. Friedrichs-
    hafen 1993.
Reden zu Ausstellungseröffnungen von Erika Dillmann,
    Andrea Dreher und Wolfgang Brokmeier.
www.mereteichler.de

Bildnachweis

Der Silberburg-Verlag dankt den Rechteinhabern für die Abdruckgenehmigungen. In Fällen, in denen die Rechteinhaber der Bilder nicht ermittelt werden konnten, ist der Verlag bereit, nach Aufforderung rechtmäßige Ansprüche abzugelten.

Florian Aicher: *S. 103, 104.*
Manuel Aicher, Dietikon: *S. 100.*
ARS AG, Baar: *S. 89 (links und rechts).*
Sammlung Walter Beck, Horgenzell: *S. 115, 118.*
Privatbesitz Maria Beig: *108, 110, 111, 113.*
Bene16: *S. 10, 11, 15.*
Bildarchiv Pisarek/akg-images: *S. 91, 92.*
Privatbesitz Peter Blickle: *S. 107.*
Deutsches Literaturarchiv Marbach: *S. 73.*
Fürstlich Hohenzollerische Sammlung, Sigmaringen/ Reiner Löbe: *S. 55.*
Familienfoto Dethleffs: *S. 65, 69.*

Galerie Dethleffs, Isny im Allgäu: *Einbandvorderseite, S. 66, 70, 72.*
Nachlass Meret Eichler: *S. 116, 117, 120.*
Haus der Geschichte Baden-Württemberg, Sammlung Rupert Leser: *S. 99.*
Alfred Hummel, Massing: *S. 83, 85, 86.*
Viola Krauss: *S. 61, 62.*
Richard Mayer: *S. 17, 22.*
Museumsverein Oberdischingen e. V.: *S. 52.*
picture alliance/dpa: *S. 98.*
Andreas Praefcke: *S. 16, 18, 21, 77, 78.*
Sven Scharr: *S. 74.*
Josef Jindřich Šechtl/ Hubicka: *S. 94.*
Wieland-Archiv Biberach: *S. 37, 42.*

Zum Weiterlesen

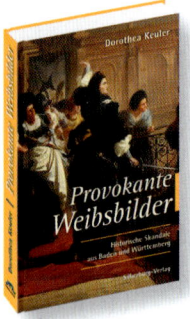
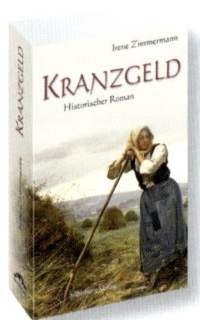